Enquanto uns Choram... Outros Vendem Lenço

Não Existe Crise para Todo Mundo ao Mesmo Tempo

Enquanto uns Choram...
Outros Vendem Lenço

Não Existe Crise para Todo Mundo ao Mesmo Tempo

Maurício Werner

QUALITYMARK

Copyright © 2016 by Maurício Werner

Todos os direitos desta edição reservados à Qualitymark Editora Ltda.
É proibida a duplicação ou reprodução deste volume, ou parte do mesmo,
sob qualquer meio, sem autorização expressa da Editora.

Direção Editorial
SAIDUL RAHMAN MAHOMED
editor@qualitymark.com.br

Produção Editorial
EQUIPE QUALITYMARK

Capa
WILSON COTRIM

Editoração Eletrônica
MS EDITORAÇÃO

1ª Edição: 2007
1ª Reimpressão: 2008
2ª Reimpressão: 2016

CIP-Brasil. Catalogação-na-fonte
Sindicato Nacional dos Editores de Livros, RJ

W525e

Werner, Maurício

    Enquanto uns choram... outros vendem lenço : não existe crise para todo mundo ao mesmo tempo / Maurício Werner ; [ilustrações Artes & Artistas]. – Rio de Janeiro: Qualitymark Editora, 2016.
    192p.: il.

    Inclui bibliografia
    ISBN 978-85-7303-772-2

    1. Criatividade nos negócios. 2. Sucesso nos negócios. I. Títul

06-3680

CDD 658.4
CDU 658.011.4

2016
IMPRESSO NO BRASIL

Qualitymark Editora Ltda.
Rua Teixeira Júnior, 441 - São Cristóvão   www.qualitymark.com.br
20921-405 – Rio de Janeiro – RJ   E-mail: quality@qualitymark.com.br
Tel.: (21) 3295-9800   Fax: (21) 3295-9824

Dedicatória

Dedico este livro a todas as pessoas que direta ou indiretamente estão contribuindo para transformar o Brasil em um país mais digno e soberano, através de seu conhecimento e de sua força de trabalho.

Apresentação

Agradeço à minha mulher e filha, respectivamente Roberta e Maria Werner, pela paciência, cumplicidade e pela alegria que me proporcionam na vida.

Agradeço à minha mãe, Eneida Athayde Pinheiro, por seu espírito de fazer as coisas acontecerem.

Agradeço ao amigo Bayard Boiteux, por toda confiança depositada na amizade e na vida profissional.

Agradeço ao Sr. Mohamed, editor da Qualitymark, que vem apostando nos escritores brasileiros.

Agradeço à UniverCidade, pela autonomia que tem-me logrado nestes anos de convivência.

Agradeço ao amigo Itamar Ferreira do grupo Ponto Forte, pela oportunidade de parceria que se consolida a cada dia.

Agradeço a todos meus alunos, pelo carinho e pela experiência que me impulsionam e motivam a cada encontro.

Agradeço aos irmãos, Luciana e Luis Bandeira, que sempre estão energizando minhas escolhas.

Agradeço à minha maior referência de vida, Virgilio Athayde Pinheiro, que foi responsável por toda minha base referencial (*in memorian*).

Agradeço à uma força suprema que pode ser chamada por qualquer nome, mas que sempre me conduziu em todas as minhas escolhas.

Agradeço ao Conselho de Turismo da CNC, na pessoa do querido presidente Dr. Oswaldo Trigueiros.

Agradeço ao amigo Sávio Neves, por compreender a importância de abrir o Corcovado para o lançamento desta obra.

Agradeço à Roberta Ribeiro, minha assistente, pela capacidade de organizar rapidamente as informações que lhe são confiadas.

Agradeço aos amigos de sempre.

Prefácio

Nosso grande desafio diário é mudar o mundo, é buscar através de nossas informações, e sobretudo através de nossa sensibilidade, caminhos que permitam a felicidade, que parece tão longe, mas que está tão perto, se soubermos cultivá-la e entendê-la.

Meu amigo, digo, meu irmão de coração, Maurício Werner, soube na presente obra, de forma objetiva e sobretudo afetiva, mostrar-nos algumas formas de compreensão mútua, realização, oportunidade e desafios.

A leitura dos textos poderá colaborar com a sua melhoria de vida, além de lhe permitir reflexões. Um livro tem como função precípua despertar inquietações, e Maurício o conseguiu de forma ponderada, mas com a profundidade que se faz necessária, quando se pretende reavaliar a sociedade atual.

Temos certeza de que nosso querido autor, que tem hoje uma brilhante trajetória no campo da educação, planta uma semente de mudança. Enquanto uns choram... Outros vendem lenço.

Bayard Do Coutto Boiteux
Diretor do Curso e do MBA em Turismo da UniverCidade e preside o site Consultoria em Turismo

Sumário

Introdução 1
1 – Enquanto uns choram... outros vendem lenço 3
2 – 1% de 100 é melhor do que 100% de nada 7
3 – A andorinha que anda com morcego dorme de cabeça
     para baixo 11
4 – A cana só dá açúcar depois de passar por grandes apertos 13
5 – A necessidade faz o sapo pular 15
6 – As palavras são como abelhas: têm mel e ferrão 17
7 – As perdas serão incalculáveis para aquele que ficar
     esperando para ver o que acontece 21
8 – As pessoas só pensam em si; as empresas também! 25
9 – Bom senso é a capacidade de ver as coisas como são
     e fazê-las como devem ser feitas 29
10 – Cada um sabe o tamanho do sapo que engole 33
11 – Cem por cento das pessoas que ganharam na loteria
      jogaram 35
12 – Combinado não sai caro 41
13 – Craque é aquele que, dentro do jogo, vê como
      se estivesse na arquibancada 45
14 – Diga o melhor. Pense no resto 49
15 – É melhor ser cabeça de lagartixa do que rabo de jacaré 51
16 – Em briga de saci, não vale banda 55

17 – Faça o outro fazer, fazendo 57
18 – Gentileza gera gentileza 61
19 – Infeliz aquele que por falta de qualquer conhecimento
não consegue ter dúvidas 65
20 – Melhor ser criticado por sábios do que elogiado
por insensatos 69
21 – Não é triste mudar de idéia: triste é não ter idéias
para mudar 73
22 – Não existem lideres solitários, se você está só,
não está liderando ninguém 77
23 – Não há segurança nesta terra, apenas oportunidades 81
24 – Não se deixe enganar; resoluções não voltam atrás 85
25 – Não se deixe enganar; revoluções não voltam atrás 89
26 – Negócios são minha forma de arte 91
27 – O cliente bem atendido é um consumidor garantido 95
28 – O que quer que possa fazer ou sonhar comece logo 99
29 – O sucesso da empresa é diretamente proporcional ao
cuidado com o detalhe que impretamos a ela 103
30 – Os grandes espíritos têm metas,
os outros apenas desejos 107
31 – Pelas faltas dos outros, o homem sensato
corrige as suas 111
32 – Pensando que ia aprender, fiz 113
33 – Pode-se levar o cavalo à beira do rio. Não se pode
obrigá-lo a beber água 117
34 – Por mais poderosa que uma pessoa pareça ser ela ainda
será incapaz de dominar sua própria respiração 119
35 – Quando não se pode o que se quer, é preciso querer
o que se pode 121
36 – Se você acredita que pode, ou acredita que não pode,
das duas formas você tem razão 123

37 – Se você não consegue ser o primeiro numa categoria,
crie uma categoria onde você o consiga 127

38 – Se você não consegue vencê-los, confunda-os 131

39 – Se você não sabe onde quer chegar, nunca saberá
se chegou 135

40 – Se você pretende influenciar pessoas, saiba fazer amigos 139

41 – Simplifique a coisa mais simples do mundo 143

42 – Um dia, os lucros precisam ultrapassar os gastos 147

43 – Um dia só tem 24 horas 151

44 – Uma luz no fim do túnel pode ser um trem
na contra-mão 155

45 – Ter visão estratégica é ver o que há para o futuro 159

46 – Visão sem ação é devaneio 163

47 – Antes de iniciar a tarefa de mudar, dê três voltas
na própria casa 167

48 – Pessoas que falham em planejar, estão planejando falhar 169

49 – Fazer é tudo 171

50 – Destino é o que deixamos nas mãos de Deus depois
de termos feito tudo o que nos coube 173

Bibliografia Consultada 175

Introdução

Este livro não tem a pretensão de resolver problema algum. Não o considero um livro de auto-ajuda, é uma oportunidade de refletirmos sobre aspectos óbvios.

As frases e metáforas escolhidas ajudarão o leitor a tangibilizar questões de seu cotidiano.

As frases servem para facilitar o aprendizado e foram colhidas de diversos livros, revistas, artigos e publicações.

A interpretação de cada uma delas poderá ser aplicada em sua vida, em algum momento, e, quando isso ocorrer, gostaria de ser informado.

Desejo a você, leitor amigo, uma proveitosa leitura. Espero poder estar contribuindo para alguma mudança no seu dia-a-dia.

1

"Enquanto uns choram... Outros vendem lenço"

Maurício Werner

"Enquanto uns choram... outros vendem lenço"

AUTOR DESCONHECIDO

Privamos, habitualmente, com um gênero de pessoas que deixam escapar excelentes oportunidades para realizar bons empreendimentos ou rentáveis negócios. Essa classe de pessoas prefere lastimar-se rotineiramente como se o fator sorte fosse primordial, como se as boas coisas só premiassem os outros e nunca a elas próprias.

São essas pessoas que se lamuriam e que desistem facilmente diante de eventuais ou freqüentes insucessos que certamente acontecem quando o assunto é empreendimento, por exemplo. São essas pessoas que nunca se lembram de buscar alternativas para determinadas situações que se apresentam.

Outras há, entretanto, que investem racional e calculadamente na oportunidade de cada momento surgido e empenham-se em transformar, de forma lícita, em ganho financeiro, por exemplo, todas as ocasiões propícias a que se mantêm atentos.

Oportunistas e acordadas ao momento e às possibilidades, essas pessoas criativas e diligentes sempre acabam por atingir a certa distância bons resultados nos seus negócios, sejam eles vultuosos, sejam eles modestos. Elas adeqüam às circunstâncias uma forma criativa ou a alternativa para produzir sempre.

Os chineses costumam dizer que oportunidade e crise andam de mãos dadas porque aguçam a visão, no sentido de fazer produzir rapidamente o que atenda à ocasional demanda, no caso, de mercado.

No dia-a-dia, é comum vermos dezenas de camelôs, que surgem sabe-se lá de onde e tão depressa, povoando as calçadas da cidade, ao primeiro prenúncio de inadvertidas chuvas. Estes sabem que o esforço de virem a atender a uma demanda intempestiva – vender guarda-chuvas – dará a eles um retorno imediato e oportuno. Tais empresários populares, sem sede própria, adotam por conduta assumir a incompetência de uma crise eventual ou do desemprego que vem assolando o país. Eles correm e criam meios para uma sobrevivência, ainda que modesta.

Há pouco, na Argentina, onde os "panelaços" passaram a ser instrumentos indispensáveis de protestos contra a política local, surgiu um homem criativo que rapidamente fabricou um instrumento que produzia um som fiel ao barulho provocado pela batida de duas panelas, reunindo num único objeto, efeito igual. A "moda pegou" e ele vem faturando seguramente com sua invenção oportuna. Tudo parece simples depois que o outro descobre.

O pensamento cartesiano explica a motivação como sendo um princípio mecânico.

Outros filósofos, além de Descartes, encontraram para a "motivação" os termos "bem" e "mal". A psicologia mecanicista entende a motivação pessoal através dos reflexos dos instintos e do tropismo que, como máquinas, respondem às forças ambientais ou estas condicionadas a elas. Estar motivado, entretanto, significa ter aumentadas as tensões criadoras, estar em luta com as forças antagônicas.

O pensamento produtivo útil traduz-se por grande impulso que reúne inteligência e as mais diversas forças psíquicas do indivíduo, agregando toda a capacidade unificadora dos processos mentais à força integradora dos processos emocionais. Todos gozamos desta característica orgânica, todos, portanto, somos capazes de colocar em funcionamento potenciais escondidos.

Então, os que se dispõem a efetivamente produzir, debruçam-se em suas causas mais remotas ou imediatas na busca de soluções para uma falta ou para um estado de coisas vigentes. Em qualquer nível ou dimensão, nosso empenho dificilmente não será bem-sucedido.

Houve até quem politicamente já tivesse escrito: "Se choras por teres perdido o sol, as lágrimas não te deixarão ver as estrelas".

O pensamento produtivo conduz, inexoravelmente, ao costume sadio de buscar a criação que se encontra nos porões de nossos inconscientes.

Os que querem vencer, encontram os meios, os outros, as desculpas...

2

"1% de 100 é melhor do que 100% de nada"

"1% de 100 é melhor do que 100% de nada"

AUTOR DESCONHECIDO

Os espíritos de luta e de perseveração, a partir de um objetivo bem enquadrado, são atitudes louváveis e indispensáveis no mundo do trabalho. As motivações conscientes não se amedrontam diante das circunstâncias de desprazer, das aversões e do cansaço, quando se originam dos interesses baseados em valores práticos e ideais. Lutamos pelo o que nos será útil, remota ou imediatamente, ou por aquilo que satisfaz nossas aspirações sociais, científicas, artísticas, empresariais.

As atitudes e motivações podem mudar no curso de nossas vidas; o que não deve se perder nunca é a capacidade de enfrentamento dos problemas, sempre com muita tenacidade. Se hoje o esforço foi imensurável para um pequeno ganho, que este seja uma forte motivação para organizarmos os meios pelos quais não houve economia de ações inúteis ao processo de realização.

Mesmo lutando mais do que lucrando, o esforço será sempre coroado em algum tempo útil porque toda motivação baseia-se em duas tendências opostas: uma direcionada para o ajustamento e a conformidade, e a outra, para a diferenciação e a individualidade.

O caráter do homem padroniza-se a partir dos valores do grupo a que pertence, influenciando a personalidade, isto é, as atitudes e os valores comuns ao meio a que ele pertence. Entretanto, a configuração do caráter, a única imutável, é a individualidade que nos permite reagir de maneira diferente, ao colocarmos a inteligência e a intuição a serviço de nossos reais interesses.

A complexidade que reside no espírito do homem empreendedor é muito grande. A todo instante, num processo de auto-regulação, sem perder o afinco, ele precisa saber a que veio e a que preço; questionar-se quando não souber como e de que modo realizar a tarefa, informar-se profundamente sobre o que pretende que aconteça brevemente. Enfim, racionalizar o esforço para não torná-lo inútil e levá-lo ao desânimo, na falta de resultados 100% rentáveis.

A luta para atingir os objetivos não significa um debate insensato, sem qualquer estratégia definida; deve-se, sim, aproveitar todas as oportunidades para reformular e melhorar as condições do trabalho.

Começa-se a empreender quando se cria um ambiente favorável. Cuida-se para evitar dificuldade inútil. No campo profissional, faze-se bons e sinceros amigos, controla-se a ansiedade excessiva, usa-se a autoridade na medida certa, avaliam-se as etapas e os pontos negativos que interferem no desempenho. Tudo isso a objetivar que o trabalho resulte em sucesso, confiando em sua capacidade realizadora e preparando-se para sublimar as possíveis frustrações. Aprende-se também com elas. A perplexidade não cabe no mundo das derrotas, mas a introspecção leva à elaboração madura e otimista, para que da próxima vez possa ser ainda melhor.

Às vezes, os números sobem e transformam nossas cabeças. Grande parte dos negócios tem perspectivas muito melhores do que a verificação real.

Portanto, prepare-se para 1% de 100, pois, sem dúvida nenhuma, será muito melhor do que 100% de nada. Afinal, "olho grande não entra na China".

3

"A andorinha que anda com morcego dorme de cabeça para baixo"

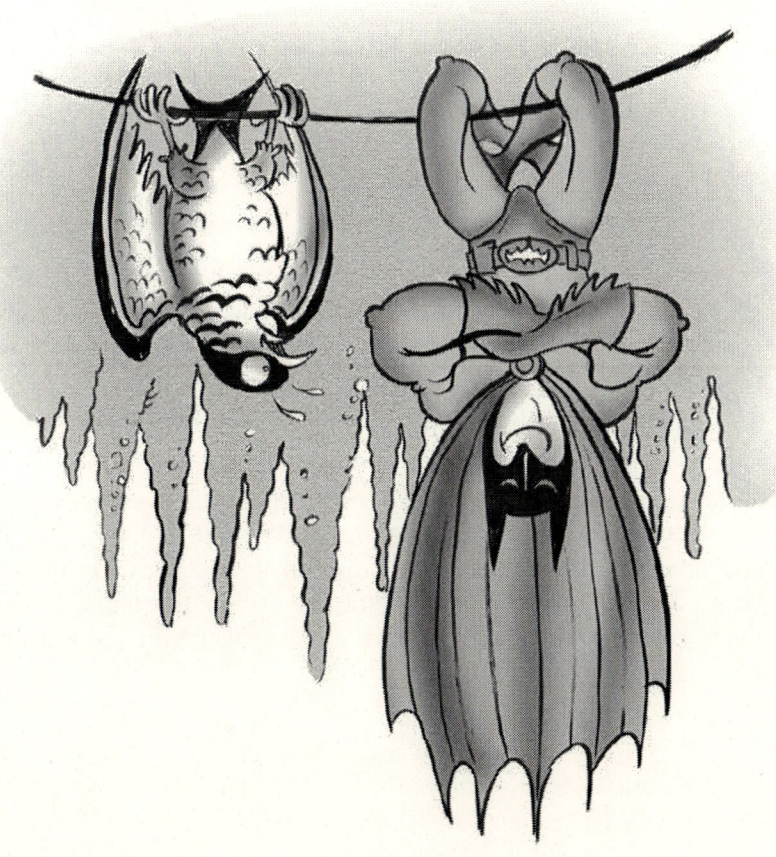

> "A andorinha que anda com morcego dorme de cabeça para baixo"
>
> AUTOR DESCONHECIDO

Spengler disse que não adianta uma boa teoria sem um bom nariz; boas teorias junto a maus narizes levam a más intuições e péssimas análises.

A cultura popular já anunciava que "quem com porcos anda, farelos come" ou "diga-me com quem andas e te direi quem és".

No mundo dos empreendimentos, quando nos associamos a pessoas erradas, nossos negócios estão fadados a fracassar, além de amargarmos os dissabores de ficarmos desacreditados no meio em que atuamos. Nossas relações não devem restringir-se a contatos profissionais.

Por essa razão é necessário observar a partir dos exemplos anteriores: a pertinência ao grupo não apenas uniformiza o comportamento de seus componentes, como também faz com que as transgressões de alguns sejam comunicadas e repartidas por todos. Ser do grupo é sentir como o grupo, saber manter distância dos maus elementos, escolher seus relacionamentos sem preconceito e fazer com que a soma das diferenças aumente a potência do grupo.

Pense nisso e sucesso!!

4

"A cana só dá açúcar depois de passar por grandes apertos"

"A cana só dá açúcar depois de passar por grandes apertos"

(Dinamor)

Quantas vezes ouvimos pessoas se queixarem de fracassos, da mesmice de suas vidas, dos equívocos irreparáveis que cometeram nos negócios com os quais se envolveram! É este tipo de pessoa que se pergunta se a vida é um dom ou um castigo.

Para aqueles que pensam que os ganhos, o sucesso e a fama vêm sem grandes esforços, sem alguns sacrifícios, talvez nem mesmo mereçam ter êxito.

A essas pessoas é bom lembrar que não "há mal que por bem não venha", não há erro ou esforço dos quais não se obtenha, pelo menos, lições proveitosas para o futuro.

Assim como a cana é o sucesso. Precisa ser trabalhada sem cessar e sem pressa, com paciência e perseverança.

Os "apertos" pelos quais passamos são o refinamento de que precisamos para aprimorar idéias e planos nutridos.

Antes de "se sair bem" na vida, há de se pensar em fazer o bem com suavidade e intrepidez de propósitos, sem nos preocuparmos com os resultados favoráveis imediatos.

A capacidade de ajustamento e de adaptação à realidade são exatamente os "apertos" para colher suculento caldo.

O grande saber consiste em não ignorar que todo empreendimento implica em risco e que o doce da vida não se alcança sem superar obstáculos, sem esforços bem intencionados e oportunos.

5

"A necessidade faz o sapo pular"

"A necessidade faz o sapo pular"
Autor Desconhecido

Toda e qualquer existência deve ser concebida de maneira absolutamente atual.

Ela nunca é liberdade, mas a cria em si mesma. É um esboço, um projeto. A cada instante ela é mais (e menor) do que é.

A existência coincide com a temporalidade e precisa adequar-se sempre no tempo e no espaço, desenvolvendo-se com eficiência e racionalidade.

Há os que pensam em pedir emprego; há, no entanto, os que sabiamente encontram meios de gerar empregos.

O homem, enquanto realidade imperfeita e aberta, parece estar em essência, muito mais intimamente ligado ao mundo do que particularmente aos outros homens.

É mais fácil depender da produção conquistada pelo outro do que pensar onde, quando e para quem pode propiciar oportunidade de trabalho.

Se houver verdade, valor e concretude num empreendimento, não há ideal que não possa ser adaptável ou desenvolvido.

6

"As palavras são como abelhas: têm mel e ferrão"

"As palavras são como abelhas: têm mel e ferrão"

AUTOR DESCONHECIDO

Os discursos modernos apontam para a necessidade de crescimento exigindo do empresário a ampliação da capacidade de se comunicar com especificidade, de forma objetiva, a economizar os custos operacionais que incidem sobre o produto.

Então, as palavras que têm valores diferentes precisam ser escolhidas em prol da eficiência da comunicação.

A comunicação inclui, no mundo empresarial, a extrema necessidade do planejamento, de forma a atender às necessidades do público, aos seus desejos, às suas fraquezas, às suas opiniões. Isso porque precisam devolver a este público uma resposta certa, inserida no produto que corresponde exatamente ao que era esperado.

As palavras que respondem à exigência coletiva dos públicos originam-se dos conhecimentos das técnicas de comunicação que determinam a linguagem para o segmento exato do público-alvo.

A guerra pela sobrevivência comercial mantém o público bem informado pela comunicação de mensagens diretas que nem sempre obedecem aos critérios formais do conhecimento. No planejamento da forma de comunicação, os problemas do mercado de produção de marketing fixam objetivos tais que impelem o indivíduo a adquirir o produto.

A mensagem precisa atender a três aspectos implicitamente colocados na forma de se comunicar (produto – serviço – preço). As palavras vão invadir os ouvidos do comprador em potencial, deixando-o inteiramente informal quanto ao produto. Estão incluídos aí o seu nome, a sua marca, o seu modelo, as suas características, a que se destina, como utilizá-lo, em que condições poderá adquiri-lo.

A mensagem bem elaborada provoca o impulso coletivo de compra e garante o sucesso das vendas.

Trata-se de uma linguagem particularmente elaborada que apela à afetividade interiorizada em cada um de nós, ou provoca e incita que ela venha à tona, às vezes utilizando-se das promoções.

A comunicação será melhor à medida que puder quebrar as resistências da antivenda, usando-se recursos técnicos de publicidade. Esse processo acontece em diversas etapas a partir de um trabalho de estratégia da comunicação integrada aos resultados da venda.

O produto satisfez à outra parte? Representou uma relação sincera que forçosamente não dependem do seu discurso, mas da adequação implícita do apelo franco. O apelo não-verbal, isto é, a linguagem corporal, às vezes, é mensagem mais incisiva do que um longo e polido discurso.

As técnicas de comunicação que levam ao convencimento do comprador residem exatamente na dificuldade de encontrar e interpretar este ou aquele tipo de consumidor. Um bom observador dos comportamentos humanos das diferentes camadas sociais reúne matéria-prima de tamanha qualidade que, a mensagem ao chegar ao comprador, ela é comodamente absorvida por ele.

Já se foi o tempo da "boneca consumista sexualizada", que mostrava o espelho de sua superfície ao consumidor pelo tempo que fosse necessário para que ele, finalmente, ali se reconhecesse.

Vivemos numa época em que a dinamização da realidade precisa não só dar cor à mensagem que atende, mas também combinar um certo estado de euforia do consumo, proporcionando uma síntese de todas as "grandes gratificações" substitutas do homem. A palavra representa o poder quando a utilizamos inteligentemente.

Tudo que precisamos, podemos falar. A forma como comunicamos é o que dará o tom da mensagem.

Cuidado com o que falar, como falar e para quem falar.

Planeje seu discurso!

7

"As perdas são incalculáveis para aquele que ficar esperando para ver o que acontece"

> "As perdas serão incalculáveis
> para aquele que ficar esperando
> para ver o que acontece"
>
> AUTOR DESCONHECIDO

O canto popular, na letra de Vandré, traz no refrão a mensagem direta: "[...] Quem sabe faz a hora não espera acontecer [...]", quem sabe corre riscos!

O homem empreendedor que não compreender a importância de romper com algumas auto-restrições que o impedem, pelo medo de transpor as fronteiras dos mercados criativos, correrá o risco da estagnação no processo competitivo em que está inserido.

Percebe-se que o indivíduo excessivamente cauteloso, que geralmente teme um investimento inovador, tem por hábito negar a necessidade de reciclar-se e nunca se encontra disposto a enfrentar novas dificuldades para projetar-se no mercado de trabalho.

Este temor, próprio do clima empresarial, das forças do mercado, gera uma certa dose de ansiedade benéfica, de forma que o indivíduo se lança vencendo os fantasmas do fracasso, do insucesso ou da perda. É evidente que o preparo profissional inclui objetivos muito bem definidos, exige controle e bases sólidas para tomar decisões nos momentos certos.

O conhecimento sensato do que precisa ser evitado e o desejo real da auto-realização dentro do contexto em que vivem os colegas de trabalho são as ferramentas do sucesso.

Em verdade, os homens "acomodados" não interagem oportunamente porque não estavam aptos à "entrada na vida adulta". Infantilmente, vivem de esperanças e desejos do passado, tempo em que a "sorte", o pensamento mágico, regia os acontecimentos como nos jogos ou nos contos de fadas.

Esses homens dão-se por satisfeitos porque se consideram provedores de empregos e da família, mas não se preocupam com as artes da vida, que os levariam a enfrentar, com maturidade, os desafios que surgem no processo de crescimento profissional. Mas, ao contrário, evitam-na em nome de manter a estabilidade e se defendem com discursos mais ou menos elaborados, que funcionam como conforto diante do progresso dos demais profissionais que enfrentaram os desafios.

Esse tipo de empreendedor perde ou sublima, a partir da possibilidade de outros ganharem a necessidade do sempre "fazer". Geralmente estabelece um juízo de finalidade muito medíocre, muito curto – um mundinho – dentro da realidade em que vive e nunca enxerga, pela resistência que interpõe, um futuro viável e melhor além do "próprio nariz".

Mas só isso não basta. Não basta ser o farmacêutico Teodoro, marido da Dona Flor... Há de se assimilar o arrojo do segundo, o Vadinho, que quebra a mesmice dos pacatos, dos inseguros.

Falta-lhe completar a situação produtiva suplantando as aspirações comuns inerentes ao jogo. Falta-lhe lançar vôo – não cego – de forma autêntica, planejada e diferenciada dos outros empreendedores do ramo. Os pouco intrépidos, os que admitem submissões sempre, geralmente, não acrescentam coisa alguma e envelhecem no mercado de trabalho tomando conta do caixa. Não pensam com espírito largo, não administram bem as mudanças ou exigências do mercado, não se interessam por conquistar espaços. Cuidam preferencialmente de não perder o que julgam ser estável ou definitivo. O que é o gol, afinal, senão a jogada oportunista e rápida de quem ataca mais do que se defende e aproveita as oportunidades?

É preciso ter-se paixão no que se faz e se decidir por alguma atividade "sui-generis", quando se pretende gozar da satisfação e do prazer de vê-la projetada e bem-sucedida para além de seus supostos limites.

Mas quando este homem preserva a integridade do eu, confundido-a com a integridade do patrimônio, este homem, embora leal diante das formas ordenadas de épocas remotas e/ou de objetivos deficientes, mostra-se um empreendedor inexpressivo, como se traduz nos ditos simples de outros tempos quando se dizia "Deus quis assim" ou "o pouco com Deus é muito" ou "é melhor um pássaro na mão do que dois voando" ou "quem espera sempre alcança". Parece que é a forma de pensar e de atuar dos que não entendem a importância de arriscar no mercado.

Contrapondo-se a esse espírito do meio-vencedor, a esse tipo de conduta defensiva e demasiadamente prudente, desse acanhamento totalmente em desacordo com o mercado de trabalho moderno, vale o impulso sadio do risco, para os que sondam sempre a brecha para agir, interagir e ter êxito.

Faça acontecer porque andorinha que anda com morcego dorme de cabeça para baixo!

8

"As pessoas só pensam em si; as empresas também!"

> "As pessoas só pensam em si;
> as empresas também!"
>
> AUTOR DESCONHECIDO

Pela comunicação, o objetivo existencial apresenta-se como uma imagem de nós mesmos na situação daquilo que desejamos atingir neste mundo de ferocidade capital. Através da comunicação a qual estamos massivamente expostos, acabamos por estabelecer uma relação com a imagem projetada dos bem-sucedidos e com a nossa própria condição de eternos desejantes.

O desejo social ou empresarial de crescimento econômico confunde-se com o desejo individual de prestígio. O prestígio é o desejo de quem almeja ter sempre progressivamente.

A vida hoje é compreendida essencialmente por uma vida prática, por uma atividade incessante que busca certos fins. Vivemos o momento da competição acirrada em todos os campos e níveis de atuação. Administrar todas as informações técnicas e científicas que nos circundam, tem sido, em maior ou menor escala, uma necessidade contemporânea para que nos mantenhamos mais ou menos bem informados daquilo que está acontecendo no mundo empresarial, por exemplo.

Essas informações, esses subsídios, modificam nossas atitudes, reformulam nossos comportamentos e, é claro, alteram os comportamentos no mundo dos negócios. Há sempre um forte valor que encoraja o outro a compartilhar o fluxo de idéias e se lançar à competição.

Warren Bennis e Brut Namus, ao falarem da arquitetura social, salientaram que numa empresa, por exemplo, o poder, a influência e o *status* baseiam-se no reconhecimento de pares e não na posição hierárquica. Os reconhecimentos dos pares são definidos pelo grau de competência e pelas habilidades específicas e interpessoais com que uma pessoa destaca-se das demais. Cada um de nós, portanto, pode dar asas a seu egoísmo, lutando de modo transparente e leal para ganhar o jogo.

Quantos de nós já poderíamos estar caminhando sozinhos, pondo em prática o produto de nossas idéias, elaborando condições de viabilizá-las em nosso próprio benefício, como futuros empresários inovadores?

No entanto, abandonamos facilmente nosso desejo de auto-realização pessoal pelo hábito de preferirmos comprar a idéia alheia ou pelo mau hábito de não nos empenharmos em defender com vigor nossos projetos. Achamos mais cômodo – o que é nefasto no mundo competitivo – ter um "bom emprego" e um "bom salário", continuando a usufruir do paternalismo empresarial que tende a acabar.

A natureza do trabalho vem sofrendo radicais transformações e não comporta mais o empregado acomodado que embota a criatividade de que necessita a empresa para se manter viva no mundo globalizado.

Os conceitos têm sofrido reformulações, as estratégias são modificadas com muita rapidez, de forma que não cabem idéias retrógradas ou que se mostraram ineficazes neste ou naquele plano de atuação.

Ganhar-ganhar, vencer-vencer, brilhar-brilhar, não significa repetir padrões acertados de pouco tempo atrás. Ao contrário, é repensar o procedimento, adequando-o às demandas e às exigências atuais, criando meios de atender a longos e múltiplos desafios contemporâneos, de modo que se torna indispensável investir em homens de visão, capazes de mostrar diferenças e talentos; não se pode dispensar preparo e organização quando o foco está nos objetivos a serem alcançados.

Fala-se mal de alguém bem-sucedido, invejam-se seus ganhos e suas riquezas, desdenham-se as posições que ocupam, porque é mais fácil do que nos questionarmos sobre as razões que nos fizeram estagnar ou não lutar por nossos sonhos.

A ilusão do ganho fácil tem levado muitos a pensarem em desonestos trabalhos. Nenhum ganho é fácil; todos dependem de esforços contínuos e racionais. Assim, o empenho pessoal vale muito mais do que o empenho coletivo da massa.

Somos todos capazes de tomar decisões, direções próprias, de termos controle sobre nós e sobre o que nos cerca. Podemos chegar ao poder e ao mundo dos influentes, podemos sentir e desejar a auto-realização, podemos evitar o que nos convém ou não, dissimular, podemos tomar posições diferentes em diversas situações, relativizar, individualizar, agir e intervir no meio social com plena consciência e responsabilidade, para atingirmos nossos objetivos.

Vamos produzir! Os maiores "ativos" das empresas são seus talentos humanos.

"Não existe almoço de graça", nem sua mulher faz carinho em você à toa.

9

"Bom senso é a capacidade de ver as coisas como são e fazê-las como devem ser feitas"

> "Bom senso é a capacidade de ver
> as coisas como são e fazê-las
> como devem ser feitas"
>
> AUTOR DESCONHECIDO

Lidar com a realidade é manter-se extremamente atento aos eventuais delírios para os quais resvala nossa consciência.

Qualquer que seja o bom empreendimento, ele requer a participação dos profissionais informados sobre as formulações das políticas empresariais vigentes, de forma a se conservarem atualizados no que se refere às metas mais adequadas a serem atingidas em direção às demandas internas e externas.

Não mais cabe aos profissionais limitarem-se à missão de executores das diretrizes emanadas por escalões superiores. É preciso estar atento, principalmente, à gestão dessas políticas econômicas que, com certeza, vão propiciar sua valorização dentro da empresa ou no mundo dos empreendimentos independentes.

Bom senso não significa obediência cega, mas sim discernimento e empenho naquilo a que nos propomos realizar.

Desempenhe bem o que mereça ser feito. Nos dias atuais, o bom desempenho é poder reconhecer a necessidade cada vez maior de aproximar o empreendimento às demandas socioeconômicas, as mais abrangentes ou as mais particulares, por meio de atividades efetivas que respondam às diversidades culturais, desportivas, educacionais, sem perder de vista o público-alvo a que se deseja prestar serviços.

Pode-se, ao executar uma tarefa com proficiência, buscar sempre uma estreita relação entre a formação meramente acadêmica e as demandas em Ecologia, Turismo, Montanhismo, Artes Marciais, Hipismo, Computação, além dos estudos e da pesquisa nos campos específicos em que se esteja atuando.

A criatividade nasce de uma combinação inteligente entre o que há no meio externo visto por nossos olhos mas nasce também de uma especial maneira de interpretar a realidade e nela poder inovar com eficiência.

O bom senso é considerado como um dos principais atributos das pessoas emocionalmente inteligentes.

Aplique-o com lucro!!

10

"Cada um sabe o tamanho do sapo que engole"

"Cada um sabe o tamanho do sapo que engole"

AUTOR DESCONHECIDO

Cronogramas perfeitos, se vistos no papel, tornam-se assustadores na prática, envolvendo um sem-número de tarefas e subtarefas, onde elaboração e aplicação exigem processos desgastantes para que sejam efetuadas.

Neste momento, a relação com o pessoal, com os grupos envolvidos, requer aspectos muito complexos que independem de um bom planejar.

O bom senso, a capacidade de perceber que cada problema se deve a uma causa única, que nem sempre é simples, mas que precisa ser solucionada, a tolerância e a flexibilidade são algumas exigências que precisam ser observadas para se coordenar um grupo diante de uma tarefa a realizar-se.

Há comprometimentos específicos que podem ser aceitos, mas há também atitudes que nunca poderiam ser admitidas, dependendo do grau de permissividade do indivíduo que lidera ou coordena um grupo de trabalho.

A viabilização e a funcionalidade de um projeto qualquer supõe que todas as partes envolvidas inter-relacionem-se e sejam interdependentes. Para a compreensão dessa engrenagem, para que os objetivos sejam atingidos, para que não haja excessos de cobrança ou tolerabilidade, a liderança real preocupa-se com o tamanho do sapo que cada qual pode engolir...

11

"Cem por cento das pessoas que ganharam na loteria jogaram"

> "Cem por cento das pessoas que ganharam na loteria jogaram"
>
> AUTOR DESCONHECIDO

Existe na sabedoria popular um ditado que diz que "quem não arrisca não petisca".

E não petisca mesmo! O medo de ousar lançando-se num empreendimento inovador pode tornar-se o caminho para o insucesso ou para a mediocridade no mundo dos negócios.

O jogo é importante no desenvolvimento social de qualquer um de nós desde nossa infância, porque é ele que contribui para o conhecimento do meio externo e de nós mesmos com nossas particularidades.

Desde crianças, pomos em jogo nossas funções cognitivas, que vão tomando proporções mais elevadas à medida que nos tornamos adultos. No início de nossas vidas, imitamos o comportamento dos mais velhos, embora sempre estejamos sujeitos às críticas e às repreensões, ao ridículo e ao fracasso. À medida que vamos evoluindo e amadurecendo, à medida que vamos estruturando-nos, iniciamos o processo que nos leva a ir buscar no âmago de nós mesmos o real e autêntico modo de ser. Os interesses projetam-se sobre as pessoas e os objetos que nos envolvem, obrigando-nos a aprender a pensar por nós mesmos, a assumir responsabilidades e a aprender a correr riscos.

No mundo dos empreendimentos, a complexidade dos desafios que se interpõem constantemente requer a coragem para nos lançarmos com alguma probabilidade de acerto em determinados momentos de competitividade.

Ousar no mundo empresarial não significa exatamente lançar-se no abismo, mas atuar sob uma margem de riscos assumidos, com ponderação e inteligência, a partir de um envolvimento persistente e real de compromissos efetivos com o sucesso, o que chamamos de *risco calculado*.

As observações e as experiências passadas mostram-nos que os sentidos são suscetíveis de se desenvolverem melhor e de se aperfeiçoarem por meio do exercício, da prática, da capacidade de flexionar ou de perseverar, às vezes, sob a interferência maléfica ou benéfica do meio externo.

O risco, em qualquer empreendimento, não é um ato de irresponsabilidade, mas de ousadia, que pode possibilitar mais êxitos do que fracassos. Precisa ser um risco controlado, que não obedeça apenas aos impulsos do prazer do ganho, mas que se baseie no aprendizado adquirido a partir das perdas e dos desprazeres que este já nos trouxe anteriormente, em outras situações por nós vivenciadas.

Quando nos lançamos a uma causa inovadora, precisamos dispor, em princípio, do pensamento organizado e organizador, comunicável, baseado nas regras e nas normas que nos emprestam coesão, equilíbrio e estabilidade, para que possamos manter-nos adaptados à realidade objetiva.

Ousar, arriscar, lançar-se na busca do que é novo, entretanto, não significa desprezar as leis da lógica, mas evoluir para além delas, revirando, muitas vezes, a bagagem de experiências adquiridas até então.

A deliberação de persistir na conquista do sucesso não exclui, antes, impõe, um arrojado desejo de trabalhar com afinco para fazer a diferença, ir além no jogo de negócios, com uma atuação inusitada, porém planejada, a fim de entrar na disputa pelo lugar privilegiado de forma surpreendente junto aos demais.

As três operações específicas do trabalho intelectual, em qualquer campo de atuação, em síntese, o conceito, o juízo e o raciocínio, levam-nos a pensar a partir da elaboração consistente dos elementos fornecidos pelas nossas percepções e imagens concretas do mundo que nos cerca.

O que é o risco, afinal? O risco é a demonstração clara de que há a possibilidade de se pensar, mesmo na ausência da imagem, isto é, do modelo preexistente. Se assim não fosse, como explicar certos conceitos como justiça, bondade, força, tempo, medo, infinito? Esses conceitos podem ser representados apenas simbolicamente, e, no entanto, pensamos neles com muita freqüência.

O empreendedor que arrisca a ultrapassagem, se o fizer com segurança, obtém êxito na corrida da competitividade sem acidentes de percurso, porque as idéias e criação tendem a se desprender da intuição, tornando-se abstratas e independentes das imagens preestabelecidas, preexistentes, pré-conceituosas.

Acreditar no sucesso é aprender a vencer os fantasmas do medo, as estagnações, os "hábitos intelectuais rígidos". Assim se explica o poder de certas fórmulas concisas, o sucesso de certas campanhas de imprensa, os "furos" de reportagens investigativas, a eficácia da publicidade bem-sucedida.

Arriscar com perseverança com força e equilíbrio faz parte do mundo empreendedor moderno. Aquele que ontem era o dono de um botequim na esquina, hoje, é o proprietário de botequins em muitas esquinas!

Lançar-se no mundo dos negócios sem avaliar com espírito crítico cada etapa dos riscos que desenvolve é assumir uma postura suicida sem necessidade, legada ao fracasso. À vontade de prosperar – extremamente saudável – está implicitamente ligada a necessidade de análise crítica permanente quanto à viabilidade do empreendimento.

O bom negociante só se permite acreditar em sucesso depois de uma avaliação cuidadosa das afirmações e informações que lhe são oferecidas.

O homem de negócios que progride não confunde um conjunto de idéias associado à capacidade de raciocinar, porque, por hábito e por astúcia, não "embarca em canoa furada", mas estabelece critérios, por meio de uma ponte lógica, e recusa os automatismos e as mesmices do mercado.

Utiliza-se de sua inteligência prática e ativa, na qual, em circunstâncias idênticas, diferentes soluções podem intervir com êxito.

O que leva o empreendedor a evitar certos riscos nem sempre é a cautela, mas o medo e a acomodação.

Assim como os medos infantis, o excesso de precauções é decorrente de nossas próprias limitações. O empreendedor maduro habituou-se às experiências que antes o assustavam. Para que se perca o medo dos "cachorros grandes", é preciso que tenhamos brincado com filhotes de cachorro.

A condição humana impõe o reconhecimento de certas limitações e vulnerabilidades que geram determinado índice de ansiedade quando nos vemos diante de uma limitação de poderes, frente a estímulos que vêm de nós mesmos ou do meio externo.

São os desafios que a vida nos expõe inadvertidamente. Essa ansiedade é inevitável na natureza humana e, de certa forma, podemos considerá-la sadia, pois que nos ensina a correr riscos sem nos sentirmos desconfortáveis pela insegurança.

Como um surfista enfrenta com habilidade e equilíbrio corporais as ondas, mesmo quando absurdamente altas, os indivíduos podem aprender a controlar o excesso de ansiedade gerado inevitavelmente por uma vida ativa e produtiva.

Só não existe aquilo que não inventamos. Jogue!

12

"Combinado não sai caro"

"Combinado não sai caro"

AUTOR DESCONHECIDO

As operações reveladoras de nossa inteligência são, sem exceção, mais ou menos dirigidas por nossa maneira especial de sentir as impressões. Essas operações são negociáveis e podem atender a duas ou mais partes se conduzidas com propósitos leais.

O negociador preparado para exercer a tarefa sabe como abordar, discutir, conduzir e concluir o negócio fazendo uso de uma linguagem corporal específica.

O exercício para aprender a negociar, por si só e como tal, não é o bastante para se ter a impressão de se estar fazendo um bom negócio. Para se ter certeza de que este irá concretizar-se, é preciso que haja realmente empenho em adequar as possibilidades de compra às possíveis vantagens da venda.

O bom negociador precisa saber sintetizar o que, afinal, ficou acordado no desenvolvimento da negociação, de forma a tornar transparentes as condições combinadas.

Por isso, o planejamento do que vai constituir uma negociação não deve ser nem improvisado, nem amadorístico, ainda que a formalidade não precise sempre aparecer, o que depende, é claro, da situação em que se dará o negócio. Às vezes, travam-se bons acordos numa conversa informal; a partir dos contatos sociais o nível de informações que o fornecedor ou o suposto cliente já possui sobre o "objeto de venda" pode-se fazer um "bom negócio".

As negociações que são feitas pela "lábia" e que não obedecem aos padrões de adequabilidade estão quase sempre legadas ao fracasso.

Quando falamos de "combinado", estamos efetivamente reportando-nos à transparência.

Esse jogo não pode deixar de ser limpo, aberto, claro, preciso, informando de forma tal que o cliente consiga avaliar suas possibilidades no cumprimento do compromisso a ser assumido.

Apreciada em conjunto, a negociação, via de regra, assume aspecto essencialmente egoísta, pois que responde aos interesses de uma das partes (a que vende).

Saber fazer negócio é aprender a flexionar e personalizar o poder aquisitivo das faixas diversificadas do consumidor.

Aprenda a negociar e faça cumprir o acordado. Cumpra aquilo a que se propôs contratar.

Aqueles que dão desculpas pelo que não fazem deverão ceder seus lugares para aqueles que efetivamente o fazem.

Combinado não sai caro!

13

"Craque é aquele que, dentro do jogo, vê como se estivesse na arquibancada"

"Craque é aquele que, dentro do jogo, vê como se estivesse na arquibancada"

AUTOR DESCONHECIDO

O craque se destaca por sua exímia destreza no campo em que esteja atuando. Quem puder investigar, mesmo que envolvido ou parte de um grupo, os fenômenos gerais de transmissão dos fatos ou das intenções alheias – esses que acontecem em situações de concorrência, por exemplo – nunca se surpreenderá com o comportamento do outro, graças à capacidade de se utilizar da visão de conjunto que naturalmente possui.

Trata-se de uma habilidade, maior ou menor em alguns indivíduos, de lograr uma visão de longo alcance, quase geométrica, descrita no espaço, silenciosamente, relacionando-se ao trajeto a ser percorrido em qualquer que seja o empreendimento.

Quando luzes e ruídos tendem a ofuscar ou a confundir mentalmente o craque, ele rapidamente se abstrai, a fim de atingir seu objetivo.

Quando somos determinados, dirigimos o olhar para um alvo. Nenhum outro comportamento deverá escapar à nossa capacidade de aprender a prever o comportamento do outro. É exatamente a partir dessa possibilidade de se antecipar às necessidades ou aos pensamentos alheios que surge o indivíduo que chamamos de talentoso, o melhor, o que se destaca.

Pessoas que desenvolvem essa aptidão, em verdade, apuraram a capacidade de perceber, de interagir com propriedade e de agir no momento certo, porque se mostraram incansáveis ao perseguir os objetivos e as metas que planejaram alcançar, estando associadas, é claro, à inteligência, à astúcia e à pertinência no conjunto de atitudes que assumem.

Atitude, que em latim significa "ajustamento", é a posição que o homem toma em relação ao meio que o cerca, e é o fator que faz a diferença. Uma atitude não é entidade rígida ou uniforme. Caracteriza-se pela cultura, pelas demandas, pelos hábitos profissionais, pelas relações de família, de vizinhança, de trabalho, de mercado. As atitudes determinam nossas preferências, nossas recusas, o valor que atribuímos a certas coisas, a prontidão para reagir de forma particular e escolher as ações de que vamos nos utilizar.

Em sentido mais amplo, são as atitudes que determinam nossas posições face a nós mesmos e aos demais. Dentro desse extenso campo de ação, as atitudes podem ser idênticas às da maioria, às das pessoas com as quais lidamos ou podem também representar nossas diferenças.

É no contexto dessas diferenças que surgem os craques com suas atitudes imprevisíveis e acertadas.

O craque de futebol, por exemplo, difere-se do "peladeiro" exatamente quando nos mostra a qualidade de se organizar no tempo e no espaço que lhe coube no momento exato de intervir. O craque não desperdiça esforços inutilmente, mas reúne empenho verdadeiro no momento em que se cria a oportunidade de destaque.

Como a águia que só alça vôo quando a presa escolhida é caça certa, o craque "não joga para perder". Por isso mesmo, a águia não dá sinais de inquietação no momento de atingir seu objetivo.

Ser um craque no mundo globalizado, sobretudo no mundo dos negócios, requer do indivíduo uma visão esférica e uma formação pessoal bem estruturada, bastante sedimentada, de forma a sempre se antecipar às possibilidades abertas no mercado.

Enquanto Dionísio, deus da embriaguês e do êxtase era instintivo, impulsivo e expansivo, Apolo, deus do equilíbrio, da forma, representa a pesquisa e a organização da sua personalidade.

Um craque em qualquer campo reúne qualidades de Dionísio e Apolo, surpreendendo-nos com atitudes de previsibilidade e, ao mesmo tempo, de risco.

Faça diferente da maioria.

Saia do quadrado e da mesmice!

14

"Diga o melhor. Pense no resto"

> "Diga o melhor. Pense no resto"
> (Craiz Seilbold)

A palavra de ordem é selecionar! Desde pequenos, aprendemos a categorizar objetos, depois pessoas, palavras, idéias, e assim infinitamente adiante.

Um adulto que se comunica razoavelmente bem não consegue se dar conta do número de vezes por dia em que escolheu a palavra, o gesto, a atitude a tomar. Parece-lhe automático e involuntário.

Entretanto, nem tudo o que pensamos merece ser exteriorizado. Passar a limpo o que vamos dizer é, no mínimo, respeitar a inteligência, o tempo e a paciência de quem nos ouve.

Dizer o melhor é expressar-se com objetividade, embora não implique que pensemos muito, sempre e o tempo todo. Assim como um bom professor não deve ensinar tudo o que sabe, mas deve saber tudo o que ensina para atingir suas metas pedagógicas junto ao aluno.

O homem moderno deve ser cuidadoso para atingir seus objetivos com propriedade e clareza, utilizando-se de comunicação fácil para expressar suas idéias.

15

"É melhor ser cabeça de lagartixa do que rabo de jacaré"

"É melhor ser cabeça de lagartixa do que rabo de jacaré"

AUTOR DESCONHECIDO

Desde que nos tenham ensinado a pensar, a analisar criticamente os fatos, construir um saber sólido, abrangente, podemos considerarnos privilegiados porque temos a posse dos instrumentos mais valiosos que nos possibilitam criar as próprias condições de elaborar e empreender nossos negócios.

As grandes empresas podem massificar, podem ser elitistas na suposição de que irão atender a uma casta privilegiada, ao passo que as pequenas empresas aparentemente desprotegidas estariam competindo no mercado pelo ganho de tarefas mecanicistas, marginais, menores, de menor porte.

O rabo do jacaré é, muitas vezes, poderoso, principalmente quando se defende com fortes lambadas no mercado agressivo. Porém, a cabeça de lagartixa é ágil e atenta às oportunidades de caçar mosquitos e sobreviver.

Independentemente do vulto que possa ter uma empresa, o que conta, afinal, é a forma como ela é conduzida, participando e contribuindo para a sociedade por meio de gestões eficientes e criativas.

Na maioria das vezes, a ênfase dada às empresas de grande porte induz-nos a pensar que as miniempresas não têm grande poder assistencial nem capacidade administrativa suficientes para serem renomeadas no futuro.

As experiências demonstradas por empresas menos famosas costumam ser, proporcionalmente às mais conhecidas, dignas de destaque pela capacidade que exibem de gerenciar e prestar um grande número de serviços em quaisquer campos de atuação, por períodos limitados, usufruindo de minissistemas que atendam melhor e prontamente às demandas próprias das disparidades regionais.

As miniempresas têm a capacidade de se programar mais rapidamente e com mais energia, sem desperdiçar as realizações de curta e média viabilização.

Lucro não é apenas ganho material excessivo, mas também respeito a si próprio e à criatividade, que faz a diferença em qualquer setor de produção ou de prestação de serviços.

Nem todo mosquito está à altura da boca da lagartixa, mas há muito mais mosquitos a serem abocanhados do que grandes pernas para que os jacarés as destruam com seus rabos.

As lagartixas são ágeis, os jacarés são mais lentos.

O século XXI será dos maiores ou dos mais rápidos?

16

"Em briga de saci, não vale banda"

"Em briga de saci, não vale banda"

AUTOR DESCONHECIDO

Com o surgimento da sociedade burguesa dos escombros de uma sociedade feudal, os mercados foram tornando-se competitivos e os que se debatiam na pobreza passaram a exigir, pela voz de seus líderes, felicidade neste mundo e não no outro...

Em essência, todos somos dotados das mesmas capacidades de produzirmos, rompendo, em tese, com a submissão da conduta humana à lei do mais forte.

Uma vez que todos os homens nascem iguais, deve prevalecer o princípio da liberdade, igualdade e fraternidade, e não a exploração do homem pelo homem, como em alguns odiosos regimes.

É preciso que não confundamos o que está acima, no entanto, com o fato de que homens se sobreponham a outros por melhores idéias, aplicáveis a determinadas circunstâncias. Estes acabam por se revelar e se destacar da maioria no grupo social a que pertencem. O caminho à livre especulação está aberto a todos os que se propõem a criar, inovar, produzir, pois a plausibilidade é a matéria-prima de que dispomos. Cabe-nos tenacidade, propriedade e compreensão de que o mundo existe como matéria e movimento da inércia. Da passividade se valem aqueles que preferem apontar no adversário, no concorrente, no outro, aquilo que também lhes falta, em vez de aproveitar a ocasião para superação das próprias dificuldades, trazendo a cada dia revelações novas e abrindo horizontes inesperados.

17

"Faça o outro fazer, fazendo"

"Faça o outro fazer, fazendo"
Autor Desconhecido

A verdadeira liderança não está presente em qualquer tipo de chefia. A qualidade excepcional de um líder revela-se na atitude exemplar. Nunca delegue a alguém tarefas que você próprio não seja capaz de executar. Espera-se que um líder conduza suas ações pela orientação sempre sensata e equilibrada, de forma a ensejar a autonomia de cada um dos seus indivíduos do grupo.

Incentive o outro a aprender e a realizar por ele mesmo, sem que um "comando" ou gosto pelo poder venha a monopolizar as tarefas e os saberes alheios para si. Desenvolver no seu liderado a capacidade de vir a realizar por meio de seus próprios esforços é, enfim, o papel a ser desempenhado por quem lidera, por exemplo, uma Empresa.

As minorias elegem, às vezes, certas lideranças por se considerarem classes inferiores no âmbito dos bem-sucedidos. Essas minorias são o produto perfeito das piores lideranças, muito conhecidas no mundo da política, em que "o voto de cabresto" obscurece a consciência dos menos favorecidos...

Acredita-se que o orientador competente, consciente dos objetivos a atingir, é o que propõe espontaneamente ao seu subordinado o precioso sentimento de comum-acordo entre ideais que devem ser atingidos.

O empresário moderno sabe como recomendar aos participantes de um evento – seus colaboradores de qualquer escalão da Empresa – o valor do compromisso leal, cuja origem fundamenta-se, via de regra, em experiências de vida, a partir da cooperação intelectual de todo um grupo.

Vale refletir também sobre as dificuldades e os obstáculos que nos impelem de lutar e nos instigam às situações de desafios. Não me parece sensato sobreviver apenas dos prazeres vividos, mas do que se aprendeu com as frustrações, na tentativa de se realizar este ou aquele empreendimento.

Enfim, o maior patrimônio ativo de qualquer Empresa é o que se convencionou chamar de Capital Intelectual. É nele que vale a pena investir rigorosamente para um assegurado sucesso.

Numa empresa, precisa-se de indivíduos que saibam seguir direções, resolvam problemas, sejam práticos, hábeis comunicadores, que saibam dar ordens e recebê-las, que descubram analogias e as apliquem e que se utilizem das informações geral e particular com propriedade, tomando deliberações sensatas na hora certa, compromissadas com o que dizem acreditar.

Não serão as maiores empresas que dominarão o mercado, mas certamente serão as mais ágeis e as que forem compostas por líderes colaboradores e não chefes castradores. Pense nisso e sucesso!!

18

"Gentileza gera gentileza"

"Gentileza gera Gentileza"

ANDARILHO "GENTILEZA" (SOBREVIVENTE DO INCÊNDIO NUM CIRCO DE NITERÓI)

Pela convivência, pela experiência diária, concreta e intuitiva, abrimo-nos para o nosso semelhante quando seu sorriso e sua felicidade nos condicionam a retribuir. Descobrimos, por acaso, que outras pessoas têm emoções semelhantes às nossas, e a empatia torna-se chave-mestre, abrindo caminhos para o trato agradável e o bom entendimento entre os seres humanos.

Qualquer que seja a situação, nunca se deve dispensar a cordialidade no trato com as pessoas.

Na porta de uma sapataria, por exemplo, o vendedor que se coloca à disposição sem pretender induzir à compra, sem mostrar má vontade diante das indagações ou das hesitações do cliente com relação à escolha desse ou daquele sapato, sem interferir falsamente na sugestão que pretende dar ao cliente para que ele se decida o mais rápido possível, prática e intuitivamente – deixar o cliente à vontade para a escolha. Abolida a era do "cliente otário!".

Os bons negócios se dão, principalmente, quando se estabelece uma relação intrínseca entre saber servir e vir a ajudar. A "empurrovenda" é a tática dos que são pouco hábeis.

Ser gentil gera gentileza, conduta apreciada e sedutora quando bem dosada, que contribui sensivelmente para o êxito das negociações, mesmo para aquelas de longo prazo.

Criar condições para bem servir é investir em uma das mais apreciadas contribuições para estabelecer relações de receptividade entre homens, de modo geral. Será agradável, independentemente da concretização de um negócio, fortalecer, tendo-se em vista o futuro, o sentimento de troca e os princípios básicos de convivência.

Ser gentil mobiliza o mais íntimo dos homens quando podemos sê-lo sem que isso se remeta à adulação ou ao interesse imediato em realizar, por exemplo, uma venda.

A polidez enquanto qualidade está, evidentemente, atrelada à da boa formação que desenvolvemos no curso de nossas vidas de relação.

O sucesso profissional nunca esteve desvinculado da personalização de cada cliente que procurou nossos serviços. Ninguém gosta de ser apenas "mais um". No mundo dos negócios, por exemplo, ser gentil e interessado em bem servir ao cliente é, com certeza, o primeiro passo para conquistá-lo e fazê-lo retornar oportunamente pela impressão que o profissional lhe causou.

Nos negócios, quebre o paradigma que diz que o cliente tem sempre razão. Entenda que o cliente tem sempre suas razões, ou as razões pelas quais reclama.

Transforme o não em sim; sorria, agrade. Surpreenda!

Obtenha mais informações. Os negócios são baseados em desejos e necessidades. Ferramentas como DBM e CRM poderão diminuir mal entendimentos. De qualquer forma, não perca a esportiva. Sorria!

19

"Infeliz aquele que por falta de qualquer conhecimento não consegue sequer ter dúvidas"

> "Infeliz aquele que por falta de qualquer conhecimento não consegue sequer ter dúvidas"
>
> _{Autor Desconhecido}

Quando fazemos perguntas para tentar entender o que nos parece confuso ou obscuro, elas se traduzem pelo interesse em conhecer e o desejo de que as respostas, mesmo parecendo reações mecanicistas, levem-nos à compreensão do que queremos aprender. A partir daí, buscam-se os próprios meios de ação, visto que a comunicação, mesmo que seja momentaneamente apenas um veículo, encontra-se no centro da questão.

Quem diz não ter dúvidas opta por ignorar a influência exercida pelas trocas, inclusive aquelas no âmbito socioeconômico, esse que modela os valores e regula as preocupações.

Ao simularmos segurança absoluta, é evidente que se pretende ocultar deficiências e inaptidões, ou o medo de uma dificuldade extrema que se teme enfrentar.

Sabe-se que, no mundo dos empreendimentos, os projetos bem-sucedidos dependeram, em muitos momentos, do que se aprendeu e sedimentou durante as etapas em que os organizamos. A motivação interna é quase sempre acompanhada de dúvidas que vão surgindo quando nos propomos a pensar sobre a melhor forma de se realizar um projeto novo.

Frente à direção de uma empresa, por exemplo, às vezes nada se sabe; tem-se a ilusão de se conhecer alguma coisa, mas a prática impõe outro tipo de experiência.

As dúvidas fazem parte das boas elaborações. Quando as expomos, torna-se possível participar de outras opiniões que podem esclarecer modos diferentes de interpretação da questão.

Quando nos expomos com nossas incertezas ou falta de conhecimento, estamos permitindo-nos o direito de enriquecer democraticamente em nome de um objetivo maior, reabrindo amplas possibilidades de colher informações úteis, pertinentes e esclarecedoras.

As competências na organização de um empreendimento incluem questionamentos constantes e reformulações dos critérios adotados até aquele momento.

Esse processo apresenta-se sempre cheio de indagações, que podem estar envolvendo a estrutura, a função e o ambiente no qual se programou intervir.

Se não apresentamos dúvidas, podemos desconfiar dessa segurança absoluta, porque é sempre uma demonstração de imaturidade que pode fazer fracassar parte do projeto por causa de uma falha facilmente contornável, se houvesse transparência no contato e nas relações com o outro.

Geralmente, aquele que sempre sabe tudo acaba por assumir comportamentos não-democráticos, evidenciando incompetência, excesso de vaidade, caprichos pueris e falsa afirmação de personalidade.

Na realidade, esse grupo de pessoas se recusa a encarar a realidade por insegurança e por medo de ser julgado como incompetente pelos demais.

20

"Melhor ser criticado por sábios do que elogiado por insensatos"

"Melhor ser criticado por sábios do que elogiado por insensatos"

AUTOR DESCONHECIDO

Todas as pessoas tendem a realizar atos necessários à sua auto-afirmação e ao seu desenvolvimento.

Quem não gosta de ser considerado famoso, de ser bem-sucedido na vida?

As faculdades e as funções que compõem o homem resultam de tendências que, às vezes, são satisfeitas, mas podem também ser contrariadas, criticadas, ocasionando frustrações e desprazeres.

Quaisquer que sejam nossos sonhos ou objetivos, o juízo e a autocrítica, precisam estar sempre presentes de forma que nunca nos iludamos com elogios vãos, tecidos por quem os faça sem nenhum critério construtivo.

Entretanto, se a crítica for procedente, geralmente vinda de pessoas que realmente se mostram capazes de tecer um juízo inteligente, será certamente de grande utilidade. Para tanto, essa apreciação externa deve efetivamente estabelecer relações entre nossas idéias e a concretização viável delas.

Nem tudo o que pensamos que corresponde a um desejo, a um propósito ou a uma preferência pode forçosamente sê-lo. Por falta de espírito crítico, as fórmulas de procedimento podem não estar concisas. O êxito em certas campanhas publicitárias, por exemplo, não causam o efeito desejado, a eficácia de uma publicidade é nula, e por aí vai.

Outra fonte inesgotável de enganos é a ignorância que nos leva a acreditar em qualquer coisa que é dita porque a nós mesmos faltam opiniões e argumentos. Daí a credulidade ilimitada dos vaidosos que preferem acreditar no elogio fácil.

"Nem tudo que reluz é ouro...", por isso um julgamento sensato e racional, adaptado à experiência e à realidade de que nosso plano possa revestir-se é sempre muito eficaz.

Bottach disse que o pior dos defeitos é imaginar-se isento deles.

21

"Não é triste mudar de idéia; triste é não ter idéias para mudar"

"Não é triste mudar de idéia; triste é não ter idéias para mudar"

(BARÃO DE ITARARÉ)

Todo planejamento que pretenda dar forma a uma idéia não pode ser absolutamente rígido. Uma idéia é sempre um "insight" que, às vezes, precisa sofrer lapidações para prevalecer com toda coerência.

Cada um tem sua própria maneira de aprender e perceber a realidade à sua volta, ao organizar o pensamento a partir de seus objetivos mais significativos, do patamar cultural da sociedade a que pertence e, principalmente, de seu estilo próprio no momento de operar.

As idéias se sucedem ou se superpõem, enriquecendo-se à medida que nos dispomos a pensar sobre elas. O pensamento do homem surge em forma de prismas; tais são as percepções que o cérebro humano é capaz de absorver ao mesmo tempo. Para que se torne claro e objetivo, e se organize linearmente, utilizamos a capacidade de selecionar, de escolher, de separar, de recusar, de ordenar, com o melhor de nossa inteligência, reagrupando as idéias com coerência, lógica e intuição.

Impossível é não se ter opções que nos possibilitem substituir uma idéia por outra, dada a inviabilidade imposta pela primeira. Quando. a idéia inicial tende a se tornar impraticável, geralmente não corresponde a uma forma realmente criativa e cai em lugares-comuns, não merecendo alimentar ilusões que levem à inoperância ou ao descrédito.

Aliás, toda primeira idéia deve ser reinterpretada, "passada a limpo" por nós mesmos e, às vezes, levada à apreciação por pessoas que efetivamente se mostrem capazes de comentá-las francamente.

Experimentar a viabilidade de uma idéia é o que chamamos, afinal, de processo de retroinformação, termo muito usado nas pesquisas de mercado.

Uma idéia abandonada é um lugar vazio à espera de outra idéia que rapidamente ocupa nossos pensamentos a fim de ser elaborada e avaliada quanto à sua real importância no contexto atual, pleno de incertezas, ambigüidades e mudanças rápidas, atendendo às necessidades não satisfeitas.

Mudar de idéia no mundo moderno é dinamizar o raciocínio com bom senso e, sobretudo, ter "faro" e sensibilidade suficientes para flexionar se o momento assim o exigir. Mudar de idéia pode significar escolher paradigmas mais convincentes ou substituí-los por outros mais atuais em tempos inquietantes e competitivos. Mudar de idéia, muitas vezes, é lutar contra a estagnação que nos impede de recriar procedimentos melhores.

Toda idéia, em princípio, é um sonho, um desejo que aflora. Nem todo sonho é coerente quando despertamos, mas todo desejo, com certeza, precisa ao menos se apresentar como um desafio que nos impulsione a pensar em boas idéias.

22

"Não existem líderes solitários; se você está só, não está liderando ninguém"

> "Não existem líderes solitários; se você está só, não está liderando ninguém"
>
> AUTOR DESCONHECIDO

Wallace Lambert disse que a interação social é o processo pelo qual as pessoas sofrem influências mútuas por meio do intercâmbio recíproco de pensamentos, sentimentos e reações.

Ora, se alguém que ocupa a posição de liderança não for sensível às criações e às mudanças de atitude, acabará sendo líder de si próprio. As experiências estereotipadas nas relações interpessoais são plenas de sentimentos, de emoções e de idéias que não podem nunca ser desprezadas.

Já houve quem sintetizasse, com muita propriedade, a diferença entre um chefe e um líder. Os chefes geralmente querem que as pessoas obedeçam, mas os líderes certamente são respeitados.

O verdadeiro líder reúne naturalmente grupos novos ao seu redor, em virtude de lhes trazer novas idéias. As pessoas que aceitam lideranças autênticas, organizadas, coesas, efetivas, compreenderam e puderam transmitir a outros indivíduos o âmago da questão. A clareza da mensagem é a condição "sine qua non" para que a assimilação da idéia seja realizada pelo maior número de pessoas, sem que reste nenhuma dúvida, porque o reconhecimento do verossímil é sempre a função de um grupo social variável.

O líder dispõe de um conjunto de conhecimentos, de comportamentos e de produção material num agrupamento social dado; ele atua com um sistema relativamente autônomo diante dos acontecimentos sociais, aí incluídas as produções sociais.

Como um controlador, o líder "mede" os desvios que o sistema sofre em relação à situação ideal desejada e "reajusta" o processo, de modo que este volte à situação desejada por um determinado grupo social.

Em resumo, um líder brota da produção social, mesmo que ele mantenha uma pequena autonomia em relação aos saberes considerados socialmente não produtivos.

Mas o mercado de trabalho é inseparável da função de liderança na qual certos saberes são quadrados no plano cultural.

O líder não estrangula o mundo das idéias, ao contrário, deixa que sejam colocadas, se interessantes, facilitando o processo. Assim, o indivíduo e o grupo são levados a repensarem a causa a ser defendida ou o projeto a ser implantado.

O líder precisa estar atento ao controle de experiências desagradáveis que iniciam os sentimentos de medo, de frustração, de ódio e de rejeição, capazes de produzir atitudes indesejáveis e negativas na relação com o outro.

As atitudes positivas, as que nos atraem, estão carregadas de confiança, amor, criatividade, otimismo e de exemplo práticos.

Um indivíduo com qualidades de líder é um homem atento à forma como ele próprio representa essa realidade e à forma de transmiti-la, sem perder de vista as coincidências e as diferenças entre as representações da realidade no que tange o grupo que lidera.

Não há líderes solitários! Liderar, antes de tudo, consiste no reconhecimento rápido e simultâneo das modalidades sensoriais. Consiste, ainda, em dar critérios culturais particulares, que interfiram no modo como se lidera o curso da vida, numa disposição muito complexa, que só se atenua priorizando-se essa ou aquela idéia pelo real convencimento.

A liderança sadia exige a relação saudável com o ambiente e com o grupo, o gerenciamento sensato voltado para a criatividade, a tomada de decisões na hora certa, além da consciência plena de "know-how" ou da tarefa a ser empreendida. Chefe não é, obrigatoriamente, líder.

O líder é aquele que se mostra naturalmente capaz de se comunicar coletivamente, sem esquecer aqui, (no mundo dos negócios) de um certo comportamento verbal persuasivo previamente organizado, pleno de coerência e lucidez. Dessa forma, é capaz de atingir seus propósitos de convencimento, impondo ao grupo a imagem da empresa, da marca, do serviço, enfim, do empreendimento.

23

"Não há segurança nesta terra; apenas oportunidades"

"Não há segurança nesta terra; apenas oportunidades"

(DOUGLAS MAC ARTHUR)

Entendemos que a vida difícil de nossos tempos nos faça desejar, entre outros, segurança no emprego e estabilidade financeira. Não há mais emprego para pessoas acomodadas que se apeguem apenas a interesses particulares, como por exemplo, às Empresas em que um dia lograram ingressar.

Isto não existe mais no mundo competitivo em que vivemos. Vence o melhor, o que se empenha, o que participa com eficiência, aquele que contribui ativamente para mudanças importantes que a sociedade vem impondo à medida que recebe estímulos do tecido social. É preciso criar ou aproveitar as oportunidades oferecidas para quem pretende avançar em prol da comunidade, que detém demandas de ordem política, social, econômica e cultural.

Para desempenho desse papel, é preciso que as pessoas em quaisquer níveis de atuação se insiram nos princípios da modernidade e da democratização, despertem para um fator essencial: a necessidade de competência no que fazem.

A competência busca a oportunidade e a aproveita com inteligência, fazendo emergir posturas inovadoras e desempenho real para a efetivação de uma tarefa. O melhor de nós mesmos é a capacidade de produzir com qualidade, e o pior que subsiste em cada um de nós é ficar lamentando-se ou reagindo com negativismo ao fantasma que amedronta os medíocres e ociosos "empregados".

"Diz que Deus dará..." mas se Deus não dá, nega-o contrapondo-se a "quem sabe faz a hora, não espera acontecer".

Ao formular algumas idéias sobre segurança "versus" insegurança, a permanência inexpressiva e sem qualquer representatividade pertence ao grupo dos empregados que oneram e não somam nada ao mundo do trabalho.

Assinalamos a urgência da mudança de posturas e que não nos coloquemos na posição de participantes ativos, não percebendo a necessidade de acompanharmos as transformações estruturais dos conceitos que permitem a passividade num mundo de empreendimentos. Não bastam, portanto, simples alterações modernizantes, que só estariam maquiando faces sem intervir pela participação engajada na formulação de novos princípios, de novos pressupostos para a consecução de ações renovadoras e passíveis de serem adaptadas ao momento atual.

Pare de pedir emprego! Gere empregos!

24

"Não se deixe enganar; resoluções não voltam atrás"

"Não se deixe enganar; resoluções não voltam atrás"

(ABRAHAN LINCOLN)

Quando tomamos uma decisão importante, geralmente nos preparamos antecipadamente. Não basta que nos julguemos espertos o suficiente para tomarmos resoluções que envolvam a outra parte. É preciso instruir-se, submeter-se a uma análise crítica, ser flexível quanto ao que se determinou, avaliar as chances de êxito, mostrar-se firme e polido, ser paciente quando forem solicitadas explicações para as razões pelas quais nos decidimos por isto ou aquilo.

Resoluções decisivas são tomadas no curso de nossa vida e quando envolvem negócios, por exemplo, obedecem a princípios básicos que nem sempre se definem por um processo em que ambos saiam satisfeitos.

Em verdade, não é concebível qualquer equívoco que possa não encorajar o outro a insistir ou a tentar persuadir-nos a mudar de opinião. Não se pode subestimar a capacidade do outro de possuir inteligência suficiente para nos dissuadir de nossa resolução com táticas que nos confundam em determinado momento.

A decisão de não ceder requer firmeza e controle emocional renovado que não venham a ferir ou a desrespeitar a autoridade daquele a quem estaremos comunicando a decisão.

As atitudes positivas que tomamos para revelar uma decisão incluem, indispensavelmente, o contato visual com o interlocutor, muito desembaraço diante das expectativas e da reação da outra parte, para que se deixe bem clara nossa determinação em não voltar atrás.

Quando concordamos, como "vacas de presépio", sem ter o hábito de ponderar tudo o que depende de uma solução, as pessoas pouco experientes são geralmente envolvidas e acabam por assumir uma postura de convencimento, o que contraria o desejo de que alguma resolução fosse acatada. A barganha aparece como fator de contestação que não pode alterar o que foi deliberado por nós. Devemos ouvir a outra parte, mas prosseguir sem que nossos próprios interesses venham a ser afetados.

Quando assumimos certas posições, esperamos que as decisões delas originadas resistam a quaisquer argumentos que possam enfraquecê-las ou derrubá-las definitivamente. Recusar a fazer concessões é uma boa tática para não corrermos o risco de sermos manipulados.

Comprar ou não comprar, vender ou não vender, abrir ou pular, querer ou negociar, aceitar as condições da outra parte ou não aceitar, tudo isso é trabalho de elaboração pessoal que deverá levar a uma determinação inabalável, que não seja, no futuro, causa de arrependimento.

Quando realmente nos propomos a tomar resoluções, precisamos estar convictos e seguros de nossos argumentos e ter sempre em mente que não é evidente que o outro queira abandonar facilmente suas razões.

Nosso raciocínio deve obedecer à lógica de todo um processo mental que nos conduza a tomar tal decisão.

"Chorar sobre o leite derramado" não cabe mais no mundo dos empreendimentos. Para se dizer sim ou não, ou para se fazer um acordo sob essa ou aquela condição, exige de nós muita atenção e a capacidade de imaginar quais serão os argumentos do outro quando relutar à aceitação.

Por essa razão, nossa explanação deve utilizar-se de melhor linguagem, da mais direta, da menos ambígua e da atenta. Além disso, deve antecipar-se a um debate ou a questionamentos, controlando o custo das concessões que já tínhamos deliberado poder assumir, fazendo sempre uso das relações de causa e efeito que nos levaram a tomar tal resolução.

25

"Não se deixe enganar; revoluções não voltam atrás"

"Não se deixe enganar; revoluções não voltam atrás"

(ABRAHAM LINCOLN)

Não há contradição a ser resolvida quando "certas posições se concretizam por meio de um acentuado desenvolvimento das forças produtivas".

A irreversibilidade das "revoluções" acontece por meio da realização da comunhão das vontades, quando os anseios de muitos se conjugam com finalidades éticas da coletividade e com o interesse real do empreendedor em atingir este público. As idéias consolidadas são as que asseguram uma correta aferição daquilo que realmente constitui o interesse desse público.

A História é o melhor exemplo quando mostra à sociedade que sempre que certos grupos pretendem liderar temas nacionais divorciados do interesse ou da preocupação coletiva sofrem retrocesso, ainda que, aparentemente, progridam nos primeiros momentos.

E essa força não mais está nas armas, como antigamente, mas certamente na capacidade e na motivação pessoal para se alcançar, preliminarmente, a garantia de acesso das maiorias à produtividade, à realização individual pelo trabalho. O objetivo é preservar, em sua incolumidade, um bem mais alto, que é a própria liberdade como instrumento para o exercício do controle quantitativo da produção inteligente.

"Se você acredita que pode, ou acredita que não pode... das duas formas você tem razão."

26

"Negócios são minha forma de arte"

"Negócios são minha forma de arte"
(DONALD TRUMP)

É fato indiscutível que negociar é uma forma de arte particular, sobretudo porque os atores utilizam-se de técnicas quando estão "em cena". Negociar é a arte de se tornar uma pessoa diferente quando reunida às outras.

É também a arte do domínio sem coerção, a destreza que modifica a mentalidade coletiva, cuja natureza, características e funcionamento são considerados em termos próprios, mais do que em termos da psique individual.

Que arte é essa que altera a ordem por meio da ação de uma mente sobre outra? Não é lavagem cerebral, não é sugestão, não é coerção, estejam certos, mas uma reconhecível distinção entre forças em ação, que, não sendo absolutamente coercivas, entram em jogo de forma hábil na comunicação realizada por um bom negociador.

Parece-nos que a arte de negociar envolve a capacidade de visão penetrante do fenômeno subjacente ao comportamento do outro, que transpassa os desejos e as possibilidades que o negociador coloca sob sua influência à outra parte.

A arte de negociar envolve uma linguagem verbal própria e uma linguagem não-verbal ainda mais expressiva. São atos cênicos, até que se concluam as negociações. Ambas as partes, ator e platéia, precisam sair satisfeitas para que a arte de negociar, além de um dom, represente um prazer ao término da "peça".

O negociador se comporta como uma unidade, como um ser "único" numa reunião acidental ou aguardada, com pessoas que não têm, em princípio, um propósito comum e não se encontram sob uma influência comum.

É exercido um certo poder de contágio que, no desenvolvimento da relação, não obstante a inteligência, a determinação e a resistência postas frente a frente, acaba por se flexionar.

De fato, disse Le Bon, a reciprocidade torna o poder de sugestão ainda mais irresistível sob a influência de um ator da negociação.

Mesmo que se tratem de pessoas dotadas de personalidade suficientemente bem estruturada para resistir à intenção do outro, são poucas as que podem lutar contra o dom de uma espetacular negociação.

Homens cultos, dados à reflexão quando sozinhos ou em grupos, sob a mira das técnicas e das instituições de um negociador, são induzidos a agir, às vezes até contrariamente a seus hábitos.

Não se trata de lábia do negociador, mas de arte, com objetivismo. Ele não perde de vista sua meta, baseando-a, intrinsecamente, na experiência perspectiva segundo a qual nos encontramos num mundo muito mais vasto do que nós. A ação humana pressupõe uma transcendência.

Ainda assim não fica decidida de que lado está a razão: se do lado do realismo, ou do idealismo.

Somente nos é dado conhecer aquilo que está em nós. Graças à captação, todo acontecimento ultrapassa a nós mesmos, como uma espécie de capacidade de "adivinhar".

Em verdade, o negociador experiente, que conhece sua arte, utiliza-se de indução e causalidade, de hipóteses e de conseqüências de posse dos dedos sensíveis, e faz entrar em jogo a "imediatez apresentadora" na primeira oportunidade em que é criada uma situação de negócios.

O bom negociador é aquele que consegue atentar aos anseios e administrar as contingências de compra.

27

"O cliente bem atendido é um consumidor garantido"

"O cliente bem atendido é um consumidor garantido"

Autor Desconhecido

Santo Agostinho disse que a "língua é o instrumento de domínio de quem manda", o que explica o paralelismo entre o poder e a comunicação.

Nem adianta ser polido e formal quando não há naquele que *vende* o real interesse em *bem servir*, quando não há a empatia de saber colocar-se no lugar do cliente.

Somos todos narcisistas e não gostamos de nos percebermos como apenas mais *um*. Chamar o cliente pelo nome, antes de iniciar um diálogo com ele, o mais trivial ou o mais complicado, é o mínimo que precisa ser estabelecido para a comunicação bem-sucedida; atingir o ego, a personalidade do outro com grandeza de propósitos. Ouvi-lo e responder às perguntas com clareza e empenho, com interesse, gerará, imediatamente, um clima de cordialidade, mesmo que a suposta venda não venha a se efetivar. Esse cliente jamais esquecerá o nome e o lugar onde foi dignamente atendido, com a atenção que qualquer pessoa merece receber. Esse cliente voltará em outra oportunidade ou indicará outros em virtude da boa acolhida que recebeu.

Buscar o aperfeiçoamento na complexidade existente nas relações humanas, as mais básicas, é o mínimo para o aperfeiçoamento daquele que expõe produtos ou idéias à venda.

Melhores lucros têm sido assegurados toda vez que o empreendimento obedece a uma programação criteriosa, isto é, precedida da pesquisa e da análise fiel da interpretação da opinião de seus clientes.

Assim, o cuidado no lidar diretamente ou não com o cliente torna-se importantíssimo. A intuição pode ser mais econômica que o planejamento, mas tem levado à falência muitas corporações que subestimaram a inteligência e a sensibilidade alheias.

O vôo não pode ser cego. Aquele que têm por tarefa tornar o cliente interessado na compra de qualquer produto há que se preparar muito bem.

A seleção do pessoal de vendas precisa ser rigorosa. Não é qualquer tipo de diálogo que pressupõe uma boa venda, mas a arte de sondar o interesse real do cliente, para, então, tentar corresponder às expectativas, pelo menos as mais próximas, de cada um. A arte da comunicação, de modo geral, precisa atender às teorias dos comportamentos humanos, com suas múltiplas particularidades, manifestas ou não no momento de interagir com o outro. Há diferenças quantitativas e qualitativas que demandam aptidões aprendidas e conscientes no momento de se comunicar com o outro, principalmente quando o objetivo é fazê-lo vir a se decidir por uma compra qualquer.

Aqui estamos pondo-nos na posição do que compra uma consulta médica, um contrato com o advogado, um projeto, uma idéia, um par de sapatos, um curso, um livro.

Ainda que as técnicas de venda sejam diferentes e até venham desenvolvendo-se ultimamente com mais progressos, encontram-se, às vezes, bem distantes do interesse coletivo, primário, primeiro – o de saber-se desejado vindo, eventualmente, a se tornar um comprador potencial.

Tudo o que se diz ou se escreve, apesar da interferência da personalidade e da multiplicidade de formas com que expomos o discurso, é, afinal, autobiográfico. Decorar um discurso para vender plano de saúde, bicicleta, projeto, consulta, espanta o cliente, até o mais desinformado.

Inteligente é ter por meta respeitar a individualidade do cliente, de forma que se possa até fazê-lo aceitar novas convicções. Não se trata de o induzir a "comprar o peixe", embora seja o desejo tácito de quem oferece. Para que isso venha a acontecer, há que se oferecer realmente "bons peixes", porque, afinal, antes de cumprir o objetivo de vender, não se pode impedir que o cliente exerça o direito de pensar. Aí, sim, pode-se conferir o mérito a esse vendedor de ter conquistado o cliente.

A cada contato com o cliente acontecem atos mentais dos quais o vendedor deve estar à espera, captando-os por meio de uma análise transitiva, elaborando o número de informações que esteja presente em cada momento da interação.

O vendedor identifica e analisa com presteza o tipo de resposta que vai atender exatamente à demanda do cliente, em todos os setores e níveis de venda.

Essa análise precisa ser breve e rápida, como se processa qualquer ato mental, pressupondo-se, para a relação cliente-produto, o poder de abstrair as relações entre objetos ou interações.

O vendedor que atinge realmente a meta maior – a confiança por parte do cliente – mostra-se certamente honesto, hábil na comunicação, fluente, identificando com precisão as dificuldades e as necessidades do seu cliente.

Vender é administrar a ansiedade do cliente!

28

"O que quer que você possa fazer ou sonhar, comece logo"

"O que quer que você possa fazer ou sonhar, comece logo"

(GOETHE)

Quando se tem um desejo, tememos, muitas vezes, até sonhar com ele, pelo receio de fracassar e, conseqüentemente, de sentir o gosto amargo da frustração.

Sentimos o desejo como o "sonho bom" que só poderia ser concretizado por outra pessoa e jamais por nós mesmos. Vive-se o conflito da exaltação do sentimento da própria personalidade, abafado pela insegurança, acarretando um certo desequilíbrio entre a vontade e o poder. Demoramo-nos a nos decidir a começar logo porque sofremos, por antecipação, as influências das alterações que se processam entre o poder volitivo e a capacidade de poder realizar.

Felizmente, as tendências individuais não são totalitárias. A essas características pessoais se opõem, entretanto, novas tendências sociais sadias e empreendedoras.

Mesmo que os caminhos sejam difíceis, "a mais longa das caminhadas começa com o primeiro passo", já diziam os orientais!

O importante é que, com vivo entusiasmo, lancemo-nos com empenho vigoroso na busca do objetivo. Esse arrojo determinado não se exprime na prática sem entrar em conflito com as tendências particulares de cada um de nós frente ao mundo.

Esse processo inicial provoca atitudes antagônicas como retraimento e inquietação, entusiasmo, melancolia, bem como esforço para a concretização do desejo.

A condição para que nos lancemos no mundo da realização pessoal e autêntica tem como ingrediente as vivências e as experiências que sobrevêm do uso inevitável das forças criadoras. Essas forças criadoras, quando manifestas, precisam conciliar-se com os impulsos da personalidade de cada um de nós, com as realidades e efetivas demandas do meio social no qual se pretende atuar.

A canção popular diz que "cada um sabe a dor e a delícia de ser o que é..."; no cotidiano de cada um de nós, a influência da capacidade de imaginar é extremamente saudável, pois é por meio da imaginação que escapamos da rotina, da mesmice, do igual, da banalidade, construindo-nos por intermédio de nossos desejos, de nossos ideais, de nossos trabalhos, de nossas culturas, de nossos sonhos!

"Correr atrás", como é dito com propriedade por aí, significa empreender com margem de segurança, correr riscos, preparando-se para as emboscadas que o cumprimento de qualquer tarefa com certeza exigirá. Correr atrás de um sonho não é uma utopia, em si mesmo, se estivermos atentos permanentemente aos interesses vitais em função dos quais orientamos nossa atividade, sem deixar de dar, é claro, preferência a certos objetos e valores profícuos, em detrimento de outros, inócuos.

29

"O sucesso da empresa é diretamente proporcional ao cuidado com o detalhe que imputamos a ela"

> "O sucesso da empresa é diretamente proporcional ao cuidado com o detalhe que imputamos a ela"
>
> AUTOR DESCONHECIDO

Estamos aqui a nos referir mais uma vez à qualidade e ao cuidado com o que parece ser insignificativo para o sucesso de uma empresa.

Os interesses sociais e éticos marcam atualmente uma época decisiva no campo empresarial quanto à vida do indivíduo que se desenvolve num mundo industrializado.

É preciso sobressair nessa sociedade na qual a competição faz-se mais acirrada a cada dia, que procura, por todos os modos, captar estima e consideração.

As empresas que geralmente se destacam têm seus interesses voltados para algumas ocupações bem definidas, cujo valor estético começa a ser apreciado em sua justa conta. Mas isso não é o bastante se o papel decisivo do empreendedor não se voltar paralelamente e deliberadamente às demandas da sociedade.

Hoje há Bancos que promovem concursos literários para a terceira idade; outros que mantêm creches e escolas; outros que promovem festas de Natal, de Dias das Mães, de Dia das Crianças, para seus funcionários e famílias, e tantos mais que percebem a propriedade de estar atento ao que poderia ser um detalhe se a empresa, numa análise simplista, visassse apenas aos grandes feitos ou aos mais rentáveis (Marketing Societal).

Este é um princípio básico – ser sensível às expectativas e às necessidades alheias presentes dentro e no "entorno", desde as mais simples às mais complexas. Todas elas, sem exceção, encontram sua verdadeira mola propulsora na tendência geral que leva o homem a procurar o que lhe é agradável e a fugir do que lhe causa desprazer.

O prazer e o desprazer, o êxito e o insucesso, o prêmio e a premiação, incontestavelmente, são as principais alavancas reguladoras de qualquer espécie de comportamento.

As empresas de comportamento rígido, frio, austero, indiferente, essas que visam aos lucros e esquecem-se de quem os propiciam – as pessoas – não podem desprezar o empenho cuidadoso para o bem-estar efetivo do cliente. Não se pode negligenciar os visitantes, mas, antes, acolhê-los como se dentro da própria casa, mantidas, evidentemente, as devidas proporções.

Os cafezinhos, o chá, não são detalhes desprezíveis; as salas de espera atraentes, as salas "vip" requintadas, o sorriso leal e até o efetivo e caloroso atendimento ao público fazem parte dos lucros, principalmente se parte desses puderem tornar-se investimentos sociais que façam a diferença na comunidade.

Daí a série enorme de juízos – os chamados juízos de valor – por nós diariamente formados, sem base em relações reais, apenas apoiados em elementos imaginários, resultantes de nossos desejos e aspirações. Daí as tão freqüentes aberrações na qualidade de atendimento à clientela, pois o empresário só tem por objetivo o lucro.

Não enxergamos os defeitos do amigo, nem as mais patentes virtudes do inimigo, mas distinguimos perfeitamente bem e sem esforço algum o acolhimento e o cuidado dispensados a um cliente, a um empregado, a um cidadão.

Não é detalhe procurar ser cada vez mais preocupado com o agradar à clientela, mas uma imperiosa determinação do empresário que sabe fazer a diferença.

O novo termo: *"Clientecá"*;
"Clientelá é para empresas falidas".

Atenção à competitividade de interesses e sucesso!!

30

"Os grandes espíritos têm metas; os outros, apenas desejos"

"Os grandes espíritos têm metas; os outros, apenas desejos"

AUTOR DESCONHECIDO

Seres humanos excepcionais e irrepreensíveis suscitam idéias generosas, ações elevadas e mantêm estrita dependência entre o que é intelectual e o que se faz prático.

Os grandes espíritos transformam desejos em mensagens e incertezas em realizações. Eles identificam direções, tendências e não poupam esforços para contornar as dificuldades contemporâneas. São pessoas atentas à exterioridade, ao outro.

Os grandes espíritos consideram as relações entre o "ideal" – a teoria – e o "real", a prática, os fatores intervenientes, as variáveis controláveis ou pertubatórias.

Fazem a diferença não só na substância, mas também na técnica, selecionando a função dos procedimentos a empregar e reduzindo discursos para que sejam economizados esforços de enunciação desnecessária.

A lógica de um pensamento brilhante traça metas, tem objetivos, e não doutrinas dotadas de conteúdo e guardadas para si. Seus métodos brotam de uma reflexão de fundamentos e procuram estabelecê-los com racionalidade e realismo. Em conseqüência, opõem-se à tendência de construir sistemas complicados. Suas metas obedecem a leis calculáveis, apóiam-se no princípio do conhecimento, da capacidade de organização, do aproveitamento dos saberes conquistados e das relações entre si.

As metas não ficam no caminho dos sonhos; são eficazes, medem com precisão a possibilidade de êxito do desempenho e dos resultados.

No contexto da progressão do saber aliado à prática, utiliza-se da melhor comunicação como instrumento que permita construir ou desprezar hipóteses. E porque as metas precisam cumprir seus destinos, isto é, viabilizarem-se, elas são cartesianas e privilegiam a razão e a linguagem enquanto instrumentos de seu nítido conhecimento quanto ao que se deseja alcançar.

Se esse homem realizado encontra-se à frente de uma empresa, é certo que as metas fundamentais sobre as quais vai apoiar-se a "cultura dessa empresa" serão os fios condutores de suas ações. Não cabem devaneios. A conduta da empresa emerge facilmente pelos comportamentos que dela se espera.

São os homens empreendedores que falam com o rigor dos que pensam e analisam sempre de forma a responder com precisão às perguntas, às expectativas, às dúvidas, e a lutar por seus objetivos, comunicando pelo trabalho e pelo exemplo suas reais intenções.

Em quaisquer campos em que atuem, quaisquer que sejam as finalidades, os espíritos empreendedores, transformam desejos e motivações em eficiência na mesma proporção em perfazem seus objetivos essenciais. Estes são geralmente os de trazer à participação quem não parte, rompendo o isolamento que reúne os medíocres ou os desanimados.

É difícil delimitar o espírito e a matéria: todo acontecimento é bipolar e, visto do interior, é fruto da consciência atenta que caracteriza pessoas que sabem e querem usar a inteligência.

31

"Pelas faltas dos outros, o homem sensato corrige as suas"

> "Pelas faltas dos outros,
> o homem sensato corrige as suas"
>
> (Oswaldo Cruz)

Quando tomamos atitudes bem estruturadas, podemos lançar-nos à execução de um plano de ação com menos possibilidade de falhas.

Tão importante como saber escolher um plano de atuação é admitir ter que modificá-lo se a experiência do outro prova que ele não é bastante eficiente. Temos que ter a humildade de querer aprender com as falhas dos outros, para superar, episodicamente, as nossas.

Presunçosos, no mundo atual, julgando ter nossos problemas fundamentais resolvidos, impedimos uma visão mais concreta do que ocorre, na prática, no mundo dos negócios.

Todos, em determinado momento, podem estar utilizando táticas equivocadas, não ajustadas às novas situações, e persistem.

Quantos como Oswaldo Cruz mudaram o rumo de procedimentos em suas pesquisas!

32

"Pensando que ia aprender, fiz"

"Pensando que ia aprender, fiz"

AUTOR DESCONHECIDO

Todos aqueles que se recusam a aprender alegando os mais variados motivos já estão a denunciar o desejo de que outro venha a fazer por eles. Ouve-se dessas pessoas: "eu não sei, não tenho o menor jeito para isso, nunca consegui entender isso".

Geralmente, pessoas com essa faceta de personalidade costumam ser generosas em elogios aos que, curiosos e dispostos, estão sempre prontos a pensar em como podem executar uma tarefa ou resolver uma situação problemática.

Os que se dizem incapazes para dar soluções aos problemas e esperam que o outro as dê por ele têm por hábito levantar a auto-estima do empreendedor, de forma a não o fazer desistir de realizar seja lá o que for.

Sadios, entretanto, são os que por si mesmos reconhecem que o ato de querer aprender já denota seu comportamento de vontade própria, e, evidentemente, desfrutam do prazer indescritível que todos sentimos quando, após um esforço físico ou intelectual, conseguimos acertar, ter sucesso.

As pessoas "amebianas" geralmente parasitam em pessoas de espírito desbravador, que não esmorecem diante das dificuldades e dos obstáculos que se interponham no curso de uma realização qualquer. Não conhecem desânimo, nem costumam dizer "não sei", ou "nunca aprendi isso", antes de esgotarem exaustivamente todos os esforços para levar a cabo seus objetivos.

A prática, as vivências e as experiências são condições inerentes a qualquer processo de aprendizagem, posto que conduzem aos exercícios cognitivos de memória, de atenção a outras aprendizagens anteriores. Toda aprendizagem passa a ser cumulativa e suscetível de transferência pertinente à outra situação que com a anterior se assemelhe.

Todo processo mental concentra-se na idéia que envolve tudo o que nossos sentidos percebem e, se estimulados, levam o homem a aprender a produzir, a criar, a realizar, a acreditar no seu potencial.

Exercite seu talento; esqueça as desculpas. Tente, erre! Quantas vezes Tomas Edson aprendeu com os erros para dar a luz ao mundo?

33

"Pode-se levar o cavalo à beira do rio; não se pode obrigá-lo a beber água"

> "Pode-se levar o cavalo à beira do rio;
> não se pode obrigá-lo a beber água"
>
> (Provérbio Inglês)

Em muitas oportunidades, na convivência profissional, por exemplo, pode-se preparar, abordar, discutir, conduzir e concluir determinadas estratégias, e nunca lograr levar o outro a querer aplicar-se à tarefa com um desempenho consciente e produtivo.

Há pessoas que se negam a enxergar, que se recusam a crescer e que não aceitam elaborar sobre as experiências oferecidas porque só se preocupam com os resultados finais.

Cabe-nos, com certeza, dar oportunidade a todos os que dessas experiências esforçam-se para além dos próprios limites.

É inegável o valor de um trabalho cuidadoso em que se definam objetivos, estabelecem-se atividades e selecionam-se meios. É inegável que todo o trabalho precisa propiciar prazer. Assim, ele já nasce com grande probabilidade de êxito.

A competência não permite que o trabalho se torne um sinônimo de obrigações ou de castigo. É nessa ocasião que aprendemos a melhor maneira de saciar nossos desejos.

34

"Por mais poderosa que uma pessoa pareça ser, ela ainda será incapaz de dominar sua própria respiração"

> "Por mais poderosa que uma pessoa pareça ser, ela ainda será incapaz de dominar sua própria respiração"
>
> AUTOR DESCONHECIDO

O desejo do poder é um fato positivo que, vivido com equilíbrio, sustenta uma ambição saudável, no mundo em que a competitividade passou a ser uma resposta do conhecimento útil.

Por outro lado, o desejo excessivo de poder é prova de descontrole, levando a potenciais subjetivos de excitação e desvirtuando o foco de uma dinâmica realística e humanizada.

A ambição do conseguir deve estimular-nos, isso sim, a uma apreciável e constante produtividade. As pessoas que detêm o poder devem capacitar-se, especialmente, a partir da intuição, que as ajudará a atender também às ambições alheias.

Então, o conhecimento aliado ao poder reúne finalidade e sentido como um ato de criação.

Uma vitória histórica, uma fortuna incalculável e uma inteligência privilegiada não resistem ao fôlego quando este acaba. Portanto, um aumento sem medida da consciência do poder não deve ser caldo de cultura para os germes da antidemocracia, que faz da transgressão dos princípios uma forma de convencimento por meio da força.

35

"Quando não se pode o que se quer, é preciso querer o que se pode"

> "Quando não se pode o que se quer,
> é preciso querer o que se pode"
>
> (TERÊNCIO)

Se isto for certo, e cremos que o é, caberia perguntarmo-nos se não estaríamos acomodando-nos a uma circunstância qualquer? É claro que não! Refiro-me às pessoas que dão saltos mais altos do que as pernas podem alcançar, sem avaliar os riscos de uma queda!

Aceitar tarefas desafiadoras ou planos mais modestos é só uma questão de tempo e de experiência. Os projetos mais arrojados ou os mais vultuosos empreendimentos exigem de nós um aprendizado anterior bem sedimentado, que diminua a margem de erros.

Grande parte dos insucessos deve-se à ambição apressada que objetiva o lucro rápido. O ritmo de um processo qualquer no sentido de crescimento profissional ou de uma empresa não pode ser atropelado pela imaturidade do "quero porque quero agora", como fazem as crianças.

Hoje, não é possível que sejamos donos da SAMELLO, mas não há fábrica no ramo que possa competir com nossos tamancos.

O importante é não nos descuidarmos nunca do fato de que o empenho em realizar sempre o melhor de nós mesmos é, precisamente, o trampolim para amplos e criativos saltos.

36

"Se você acredita que pode, ou acredita que não pode, das duas formas você tem razão"

> "Se você acredita que
> pode, ou acredita que não pode,
> das duas formas você tem razão"
>
> AUTOR DESCONHECIDO

É verdade que a decisão de não fazer é tão importante quanto a de fazer. Quando analisamos determinado fato no qual nos caberia atuar ou não, utilizamo-nos da sensação, isto é, do resultado de transformações que ocorrem em nosso cérebro, a partir de impressões que se originam de um ou de vários estímulos, que nos provocaram alguma excitação vinda do meio externo.

Mas ainda é o que chamamos de sensação que nos possibilita perceber qualidades sensíveis daquilo que nos chamou a atenção na hora de nos decidirmos pela realização de um empreendimento.

E por que isso acontece? Porque no curso de nossas vidas aprendemos a selecionar, analisando um sem-número de impressões que se apresentam a todo o momento durante nossa jornada.

Essa impressão primeira não vem isoladamente, ela representa, antes, o produto de um certo trabalho mental de abstrações, embora o chamemos de intuição.

Toda vez que nos defrontamos com uma tarefa que devemos realizar, temos uma sensação que normalmente se acompanha do nosso conhecimento sobre a tarefa e da atividade, em si avaliada pelos nossos sentidos.

São as sensações internas que correspondem às impressões já vivenciadas previamente, e que provêm das situações internas, sensações que correspondem às impressões que temos da atividade e que influenciam nossa maior ou menor disposição para realizar qualquer tarefa, que induzem à segurança no momento de atuar com êxito ou com insucesso. Todo conhecimento que adquirimos partiu das sensações que percebemos, que nos ensinou e transmitiu o mundo ao nosso redor. Depois de elaboradas essas sensações, temos bons elementos para estabelecer a diferença, uma vez que as sensações são essencialmente qualitativas.

Quando nos decidimos por não fazer um negócio, por exemplo, é porque um conjunto de sensações nos levou a uma percepção da realidade externa e, em conseqüência, a um sentimento de objetividade, de juízo, do qual tomou parte uma vasta bagagem de experiência passadas mal sucedidas. E essa percepção é complexa, porque reúne, em síntese, várias operações de memória, de associação, de atenção, de comparação, de juízo, entre outras.

Outro fator importante quando tomamos rápidas decisões e assumimos algum compromisso é notar que entram em jogo muitas sensações e percepções como fundo original do qual resultaram nossas convicções em tomar esta ou aquela decisão.

Se você acredita, siga em frente; se você não acredita, "pule fora do barco".

A decisão de fazer é tão importante quanto a de não fazer.

Escute seu coração e boa sorte!!

37

"Se você não consegue ser o primeiro numa categoria, crie uma categoria na qual você o consiga

Maurício Werner

> "Se você não consegue ser o primeiro numa categoria, crie uma categoria na qual você o consiga"
>
> <small>AUTOR DESCONHECIDO</small>

A gíria da moda simboliza muito bem certos estados de desconforto quando não logramos sucesso em certos empreendimentos: "Essa não é minha praia"!

Numa empresa, tanto os que a lideram, quantos os que colaboram precisam, com freqüência, estar atentos a certas demandas pessoais. O objetivo é o de não se sentirem inúteis ou despreparados para atuar num determinado setor ou para cumprir determinadas funções que estejam ocupando.

Durante o desempenho profissional desse indivíduo, tem ele cometido erros, perdido prazos mais longos para a execução das tarefas, trazido prejuízo na tarefa global, como parte dela que é, prejudicando o não desenvolvimento de um projeto? A estagnação do trabalho afeto a este indivíduo vem apresentando um nível justificável de complexidade para as falhas ocorridas?

Quando o indivíduo não consegue identificar as causas que estão determinando um desempenho insatisfatório, ele geralmente não se sente seguro e confortável no que lhe coube realizar.

É o que ocorre quando vestimos uma roupa que não nos cai bem, impedindo-nos os movimentos ou fazendo-nos parecer ridículos dentro dela.

Não se pode, realmente, ficar como peixe fora d'água. Torna-se necessário fazer uma auto-avaliação urgentemente, para que se busque a tarefa condizente com o tipo de empreendimento adaptável à personalidade, ao interesse e aos conhecimentos desse indivíduo que não vem produzindo sistematicamente em sua categoria.

De uma falha no treinamento às variáveis de contexto, os meios de se avaliar o mau desempenho de um empregado são muitos e passam pela incidência de erros que o mesmo vem cometendo.

O bom desempenho avalia-se pela presteza com que se executa uma tarefa, pelo tempo dentro do qual é concluída, dado o grau de complexidade, pela segurança com que é realizada, pelo número de vezes com que o erro é repetido, pela forma com que se faz uso do equipamento necessário para a execução, pela familiaridade com a qual manipula o instrumental e/ou os dados de que dispõe; enfim, é preciso analisar o fator que obsta o progresso da realização do trabalho solicitado.

Em caso de não-adequação à atividade, seja ele um mero empregado, seja ele um empresário, é preciso que esse indivíduo procure logo o seu lugar no mercado de trabalho, que ele desenvolva ou deixe que sejam desenvolvidas suas reais aptidões.

Ninguém, entretanto, é inapto para todas as atividades. O que resta, afinal, é saber escolher ou criar para si uma atividade em que seja possível utilizar melhor as aptidões.

Quando este indivíduo pouco adaptado admite soltar-se das amarras e vai buscar atuação num campo no qual possa dar margem às suas reais qualidades, observa-se que os planos passam a ser bem executados, que os sentimentos e as opiniões passam a ser favoráveis. Isso acontece quando o enfoque do conteúdo do trabalho que se realiza está adequado à formação e à personalidade.

O posicionamento do indivíduo adaptado às suas possibilidades mais amplas, numa determinada área de atuação, garante a produtividade substancial e prazerosa do trabalho a ser realizado.

O homem busca segurança em seu ambiente porque esse fator é determinante da vida. Quando não se consegue alcançar os objetivos, o sentimento de menos valia cresce na proporção do ideal inatingido.

O homem, diz Adler, tenta conservar seu equilíbrio não apenas para relaxar e para se distrair de suas tensões, mas, e sobretudo, para compensar seus defeitos e inaptidões.

O melhor funcionário é aquele a quem o patrão pede tudo e o melhor patrão não é o chefe, mas o líder!

Seja o melhor naquilo que faz!

38

"Se você não consegue vencê-los, confunda-os"

"Se você não consegue vencê-los, confunda-os"

Autor Desconhecido

Há muito tempo, a Brahma viu ameaçada sua fama como melhor produto com o slogan lançado pela concorrente: "Tendo Antárctica ninguém *Brahma*", isto é, se tiver Antárctica, ninguém reclama.

A competitividade impõe meios lícitos e criativos para influenciar o consumidor. A General Eletric derruba as concorrentes com um "slogan" genial, que sintetiza a supremacia da marca:

"Geladeira começa com GE."

É essa a forma sensível e inteligente a que nos referimos quando, às vezes, precisamos confundir o concorrente. O compromisso com "alguma coisa além" da atividade que se realiza é o que separa, qualifica e determina a duração e a aceitação de um produto, de um empreendimento, diferenciando-o do outro, com igual, maior ou menor competência.

É esse o compromisso que reintegra o sentido da palavra, dada em âmbito geral. A técnica se fecha quanto à forma como se construir ou se organizar e estabelece-se, a cada momento, de modo a confundir o concorrente no que é sempre mais profundo no mundo das realidades.

Diante de um modelo de consumo que não cobre perfeitamente a realidade (construído, afinal, por meio da persuasão), a técnica de Marketing aceita as limitações impostas e se volta ao apelo utilitário e diligente para confundi-lo ou reduzi-lo a uma realidade criada.

De qualquer forma, temos que tirar o chapéu para os que logram bons resultados a partir de uma "luta" limpa, com respeito às regras do jogo do consumo.

A visão ajuda no mundo da competição, e é essencial porque precisa ser, antes de tudo, de ordem técnica. Assim, esse olhar tecnicista será naturalmente levado a ver um corte entre todo "modelo" e a realidade anunciada, que extrapola para o corte metalingüístico entre a "linguagem" e o "mundo". Confundir um concorrente legitimamente é concordar em jogar um jogo irracional, mas que resulte em um jogo economicamente sadio.

O erro dentro de uma ciência de mercado precisa ser aproveitado com inteligência porque sempre revela que a realidade se estende para além da linguagem a qual agora usamos. Ao mesmo tempo, é um desafio para uma possibilidade de reestruturação que a torne um fenômeno do processo, ainda que eventualmente errado.

Benort Mandelbrot, no início dos anos 50, formulou uma tese que atribuía a cada palavra um certo "custo", partindo das premissas de que numa dada mensagem o custo médio deveria ser mínimo e a quantidade de informação média associada, constante.

Hoje, a fusão das empresas representa esta confusão sadia que tem por objetivo eternizar marcas, produtos e serviços. Se você não pode vencê-los, confunda-os!

Perspicácia e agilidade nas empresas lhes darão sempre uma vida mais lucrativa e duradoura.

39

"Se você não sabe onde quer chegar, nunca saberá se chegou, pois qualquer lugar serve!"

> "Se você não sabe onde quer chegar, nunca saberá se chegou, pois qualquer lugar serve!"
>
> AUTOR DESCONHECIDO

Estamos falando de saber estar atento a um objeto, saber determinar o foco no qual, iluminados, poderemos desenvolver nosso projeto.

O homem é dominado por uma série de temores e frustrações, por uma estranha necessidade de reagir constantemente aos obstáculos que o impede de usar racionalmente suas qualidades intelectuais, em favor de um objetivo bem determinado.

Pascal, filósofo francês, dizia que o homem foi visivelmente feito para pensar e que nesse ato está toda sua dignidade e todo seu mérito.

Qualquer que seja o empreendimento focado, há de ter sido previamente planejado, eficiente, fluente em comunicação, na mesma medida em que se precisa cumprir o objetivo essencial.

Toda expressão que pretenda explicitar uma meta deve romper o isolamento e integrar-se a um contexto coletivo para a obtenção do alvo desejado.

O alvo deve projetar-se para além do foco e, para tanto, carece da abrangência de propósitos coletivos. Os vetores que vão conduzir ao ponto desejado devem orientar-se com critério para a obtenção do que foi priorizado como ideal, cabendo ao empreendedor conhecer todos os desvios e todas as distorções que refratariam o objetivo.

O foco há que incidir com a luminosidade do pensamento cartesiano; necessita de mensagens claras, de metas definidas, de objetivos diretos e pertinentes à idéia a ser desenvolvida.

Um negócio bem-sucedido sofreu, no curso de sua produção, uma infinidade de cortes e reparos que, se não fossem feitos, poderiam interferir nefastamente no objetivo final.

A sintonia entre a meta e a melhor forma de a atingir deve ser rigorosamente fina, para atender com adequação a uma clientela identificável e permeável à intencionalidade do empreendedor.

Nesse caso, além das vantagens usufruídas no âmbito comercial, a prática sempre voltada para uma melhor comunicação deve caminhar em sintonia, para a obtenção do alvo mercado. A que e a quem se destinam os propósitos do empreendedor são rotas das quais não se pode desviar em qualquer empreendimento em que se pretenda ser bem-sucedido.

As pesquisas de mercado são dados imprescindíveis para se começar a pensar na construção das metas e dos parâmetros que irão nortear os planejamentos de marketing. O empresário que não se preocupa atentamente com aquilo a que se propõe atingir deixa esvair a possibilidade de êxito por falta de objetividade concreta no alcance de sua meta.

Vender uma idéia ou um produto pressupõe implacavelmente uma escuta inteligente e perspicaz da clientela a que se pretenda atingir.

Não existe nada ótimo que não possa ser melhorado!

É preciso planejamento estratégico, delineamento de objetivos e definição de metas (objetivos quantificados).

Faça o seguinte exercício:

– O que eu faço hoje?

– O que eu faço de bom?

– O que eu faço de muito bom?

– O que eu faço de muito bom que me difere do concorrente?

– Como sou percebido pelas pessoas?

– O que eu quero da minha vida?
– O que eu tenho feito para conseguir o que quero?
– Como tenho sido percebido pelo mercado?
– Como gostaria de ser percebido?

Respondidas as perguntas, siga em frente com sucesso!!

40

"Se você pretende influenciar pessoas, saiba fazer amigos"

"Se você pretende influenciar pessoas, saiba fazer amigos"

AUTOR DESCONHECIDO

Você reúne ao seu redor boas amizades se conseguir ser amável, se lograr estabelecer relacionamentos de reconhecimento recíproco. Galgar uma posição de influência significa ser reconhecido no meio em que atua e, às vezes, além dele.

Quando se conhece uma pessoa, conhece-se também seus atributos, suas características, que a fazem agir ativamente no mundo. Estabelece-se, assim, mesmo de modo informal, a relação entre o objeto e o sujeito, e este, como um ser capaz de conhecimento.

Condilac afirma que só a experiência externa é fonte dos nossos conhecimentos; o associacionismo diz que, quando dois fenômenos são percebidos sucessiva ou simultaneamente, suas idéias ficam em condição de se evocarem reciprocamente. A repetição do fato transforma a associação em hábito, e, com o tempo, em necessidade.

Uma pessoa anti-social assume uma postura individual incompatível com os interesses do grupo humano, não lhe cabendo usufruir as trocas que, certamente, o enriqueceriam.

Todos temos o desejo de riqueza, de poder, de domínio e de fama. Precisamos descobrir o que podemos fazer com nossas pretensões de querermos ser mais ricos, mais elegantes, mais autênticos, mais influentes. Tudo de que precisamos é uma oportunidade para nos mostrarmos úteis, e isso só se consegue por meio de um bom relacionamento social no qual surgem idéias que provêm do conhecimento de necessidades como a fome, a falta de moradia, a necessidade de educação, de compreensão e de fraternidade. E o que posso fazer para me sobressair no terreno das construções, dos transportes, do lazer? Que posso, então, produzir para vir a ser reconhecido? Devo educar meu comportamento social como observado e como participante individual nos ambientes dos quais faço parte.

Mil amigos é pouco, um inimigo é demais. Para vencer nossa correria da vida, pratiquemos o "networking" (Marketing de Relacionamento).

Dicas:

– Leve um cartão novo de visita...

– Almoce com pessoas diferentes.

– Aproxime-se das pessoas inteligentes.

– Plante harmonia e divirta-se!!!

41

"Simplifique a coisa mais simples do mundo"

Maurício Werner

"Simplifique a coisa mais simples do mundo"
AUTOR DESCONHECIDO

Grandes instituições tentam incluir sistemáticas de procedimento que só existem para complicar a vida de quem a elas recorre. Segundo Hélgio Trindade, ex-reitor da UFRJ, "autonomia não se concede; conquista-se".

O homem pensa sozinho e cria novos valores para a comunidade. Mas, quando inventa novas regras para obstruí-la, perde o que poderia ser uma personalidade criadora, capaz de pensar e julgar por si mesma.

Entretanto, o professor moral, social e econômico depende da possibilidade de se lidar com o que lidamos. Além disso, precisa ser simples e acessível à ingenuidade que temos no mundo de hoje.

Define-se uma empresa sadia por esta dupla face: a empresa precisa existir por meio de seres independentes, mas profundamente unidos ao grupo por razões objetivas e descomplicadas.

Como proceder quando a burocracia de uma instituição exige de mim um ato inútil ou inadmissível, que menospreze a escassez do meu tempo, da minha paciência e subestime a minha inteligência?

As leis, os costumes, todos os nossos valores baseiam-se em sentimentos de justiça.

As empresas que burocratizam irracionalmente seus procedimentos submetem-nos às suas prescrições e nos responsabilizam pelo insucesso de nossos atos. Criam situações de constrangimento que atenuam responsabilidades que cabem a elas, tornando as organizações humanas apoiadoras, equilibrando-as sobre a responsabilidade dos clientes, tornando-se absolutamente inoperantes para esses.

A falta de competência na organização institucional é o que torna arriscadíssimo o bom andamento, bem como a capacidade de operar prestações de serviço ao cliente.

É fácil descobrir as raízes da inoperância. As relações causais ficam evidentes entre o desrespeito ao cliente e a desorganização administrativa, ou, então, entre a cúpula dominante e o pessoal acéfalo administrativamente, sem que haja coesão entre todos os membros da empresa.

"O menor caminho entre dois pontos é a reta". Nas empresas, não bastam as especialidades ensinadas para que os resultados sejam rápidos e proficientes, se os clientes se tornam tubos de ensaio.

Como criaturas que devam ter desempenhos harmoniosos, as empresas precisam preocupar-se com a promoção da facilitação, a partir de suas estruturas funcionais. Só assim, poderá atrair e deixar todos os seus usuários plenamente satisfeitos.

Os excessos do sistema de competição e de especialização prematura, sob o falacioso pretexto de eficácia, não podem impossibilitar o bom andamento das empresas; precisam, ao contrário, otimizá-lo.

A vida moderna nos ofereceu tanto, nos últimos anos, a fim de facilitar uma vida livre e feliz! No entanto, isso só seria possível se o progresso entre os homens se efetuasse ao mesmo tempo.

A conquista de fabulosos meios de produção não trouxe a liberdade e a independência que esperávamos. Ao contrário, salvo raras exceções, complicou nossas vidas.

42

"Um dia, os lucros precisarão ultrapassar os gastos"

"Um dia, os lucros precisarão ultrapassar os gastos"

AUTOR DESCONHECIDO

Diante de um empreendimento, há que se assumir posições que nos permitam visualizar gastos e ganhos, numa previsão que no curto ou longo prazos, permitam lucros compensatórios.

Quando nos lançamos num negócio, a única certeza que nutrimos intimamente é a de que iremos perseverar com afinco nos nossos propósitos, com autoconfiança quanto às condutas a assumir, com deliberação e vigor, com um senso mínimo de previsibilidade dos riscos e muita vontade de ver a recompensa pelos esforços despendidos.

A partir de então, arregace as mangas e mãos à obra!

Em nenhum caminho desconhecido, será possível prever os obstáculos a serem vencidos. Eles serão apresentados quase como desafios a serem enfrentados, às vezes contornados, às vezes evitados, para que sejam repensadas outras soluções que respondam às dificuldades encontradas.

Cada novo empreendimento sugere novas aprendizagens, ainda que as experiências vivenciadas nos possam trazer subsídios que nos façam cometer menos erros.

As preocupações operativas cotidianas envolvem tanto as oportunidades quanto os riscos. Isso exige do bom empreendedor comprometimento com a causa e com os colaboradores.

Desistir pela falta de lucros rápidos e imaturos, entregar-se à frustração gerada por medos reais ou infundados, tudo isso é inaceitável no mundo dos negócios. Sensato é reavaliar possíveis falhas no planejamento.

Evitar perdas discutindo-se passo a passo cada etapa a ser empreendida é perseverar com bom senso e critério em direção ao êxito.

O caminho certo é aquele que indica a qualidade de esforço a ser gasto e o tipo de abnegação para que as metas desejadas sejam atendidas. O objetivo de todos os que investem num empreendimento é a expectativa dos ganhos em determinado momento como merecido prêmio pelo empenho, pela justificativa dos gastos materiais, emocionais, diante das decisões espinhosas de períodos de extrema preocupação e trabalho.

Não abandonar a idéia que motivou o projeto é fundamental quando se sabe o que se quer obter ao final da jornada.

Ninguém é capaz de profetizar com segurança o que acontecerá. Mas o planejamento ordenado e a perseverança na busca de alentadores resultados, mesmo contando com uma margem de riscos e perdas, conduzem, via de regra, ao que se deseja alcançar.

Para tanto, o primeiro grande ganho será o de enfrentar as dificuldades com discernimento e serenidade, de maneira a nos conduzirmos com o máximo de lucidez diante do inesperado que possa vir a nos surpreender no curso das reavaliações.

Em conseqüência, a capacidade de inovar precisa caminhar junto à de organizar e à de prever os lucros, as perdas e os ganhos do projeto. Cumprindo nossos papéis da melhor forma, com objetivos explícitos e bem definidos, com direções bem planejadas e trabalho árduo e racional, dificilmente não atingiremos patamares sólidos.

Nenhuma brilhante estratégia é fadada ao fracasso diante de um esforço bem direcionado.

Segundo o Comandante Rolin, nada substitui o lucro!

43

"Um dia só tem 24 horas"

"Um dia só tem 24 horas"
Autor Desconhecido

Temos a tendência de, em certas condições, parecermos conformados com a idéia do menor esforço.

Socialmente, podemos mostrar que até as trilhas abertas pelos membros de uma comunidade numa região em que a caminhada nem sempre é muito fácil seguem um traçado tal que o percurso por elas leva um tempo mínimo. "O menor caminho entre dois pontos é uma linha reta."

Diante desses exemplos, parece espontâneo tentar a aplicação "do princípio do menor esforço" a outras áreas que envolvam o comportamento humano.

Os americanos dizem que tempo é dinheiro; quando se trata de um projeto empreendedor, seu desenvolvimento precisa otimizar-se em um ritmo bastante ágil para não se perder em planos organizacionais morosos e redundantes.

O tempo de desenvolvimento de um planejamento precisa obedecer aos aspectos básicos de agilidade, como a identificação das metas desejadas, os objetivos a serem atingidos, o momento esperado para que se cumpram as técnicas que serão utilizadas, os instrumentos operacionais empregados, os critérios a serem adotados e ... Mãos à obra! O controle inclui o uso do tempo gasto para a conclusão das tarefas que o projeto exige, de forma que o andamento não se torne moroso e acabe por se perder por causa da agilidade de um outro concorrente.

A produtividade atual não pode esperar nem negligenciar a boa qualidade da melhor performance no mercado. No mundo global, tudo é urgente!

A luta contra o tempo no mundo competitivo precisa contar com a vontade influenciando e vencendo os obstáculos que se colocam durante o caminho.

A vontade disciplina o compor a ponto de subordiná-lo aos seus fins. Lutar contra o tempo é regular os movimentos, dirigindo-os coerentemente em direção ao empreendimento a ser realizado.

Não desperdiçar esforços, mas usá-los com racionalidade. Mesmo que não ignoremos a vontade de realizar, não significa sermos capazes de suprimir ou anular tendências particulares que, às vezes, temos com relação a uma maneira de intervir no meio.

Vencer em tempo útil é, sobretudo, resistir a algumas tentações. Cumprir uma determinada tarefa também significa intervir na inteligência, na memória e na atenção, organizando o raciocínio e a capacidade criadora. Se o ciclista parar de pedalar, a bicicleta cai.

Se para um empreendedor suas atividades são orientadas em direção às criações no domínio dos bens materiais, para esse homem-econômico, mais do que para outro qualquer, tempo é dinheiro. Em todas as circunstâncias de sua atividade, vê, em primeiro lugar, a utilidade que representa sua lei.

O homem econômico faz uso modesto da matéria, da força, do espaço, do tempo, a fim de extrair de tudo o máximo de utilidade. São suas aplicações práticas que determinam seus conhecimentos empresariais, que anseiam pela utilidade e pela otimização de seus planos, geralmente com vistas aos valores econômicos e materiais.

Finalmente, todos nós precisamos sentir-nos necessários, desejados e estimados pelos que nos cercam em relação ao que somos ou ao que apresentamos na sociedade.

Um empreendedor é respeitado quando, ao esclarecer seu esquema de valores, sabe deixar que os outros à sua volta interpretem suas necessidades em termos das funções que ele exerce.

Existem pessoas que dizem que estão "correndo atrás"; eu as aconselho a correrem juntas ou na frente. Sucesso!!

44

"Uma luz no fim do túnel pode ser um trem na contra-mão"

> "Uma luz no fim do túnel pode
> ser um trem na contra-mão"
>
> AUTOR DESCONHECIDO

Cansamo-nos de ouvir pessoas derrotadas e pouco eficientes que, em nome da esperança, estão sempre querendo vislumbrar a luz no fim do túnel, como se um pensamento mágico substituísse a capacidade de ir buscar a luz onde quer que ela esteja.

Esse tipo de atitude passiva pode vir a surpreendê-la porque o acaso não existe. Tudo pode ser previsto se nossos desejos ou anseios "subterrâneos" vierem à tona para, conscientemente, efetivarem-se por meio da lei de causa e efeito. A luz pode até estar lá no final do túnel, mas deve-se buscá-la com prudência, gana, otimismo, deliberação, racionalidade.

As surpresas que nos causam certos empreendimentos devem-se, via de regra, à postura amadorística que assumimos diante daquilo que merecia seriedade, por mais simples que nos parecesse. Os riscos, todos eles, podem ser previsíveis. E alguns até evitados.

As pessoas que se deparam com trens na contramão habitualmente desprezam os meios laboriosos que as levariam a evidências mais possíveis se acreditassem mais em si próprias, na capacidade de usar a força interna e a intuição que todos nós possuímos, colocando-as a serviço de nosso objetivo. O cérebro sadio não decepciona o homem são, mas corresponde às suas expectativas quando os aspectos são reais.

O ato de pensar sofre a influência dos traços e das atitudes da personalidade do indivíduo. Cada um de nós traz uma bagagem de valores. Quando se consegue influenciar o sistema de valores, isto é, da organização de sua personalidade, estaremos capacitados a influenciar no seu padrão de pensamento. Essa dinâmica pode ser modificada por meio de outra dinâmica que exigirá da pessoa a aceitação de certas imperfeições que existam no mundo real, em vez da postura de fuga para um mundo de desejos ou de fantasias.

Sonhar, *às vezes*, não custa nada!

45

"Ter visão estratégica é ver o que há para o futuro, no presente"

> "Ter visão estratégica é ver o que há para o futuro, no presente"
>
> AUTOR DESCONHECIDO

Qualquer que seja a visão que tenhamos sobre um tema, um ponto, esses, inicialmente, serão apenas nossa visão particular.

A responsabilidade de quem traça estratégias de desempenho recai sobre a responsabilidade de analisá-las profundamente. É preciso fazer isso sem perder a bússola que orienta em direção aos aspectos políticos, sociais e econômicos da atualidade, visando aos ganhos e à adequação duradoura do depois.

Toda sensação no estado puro permite-nos aprender qualidades sensíveis e não o objeto, propriamente dito. E, como a sensação quase nunca se encontra isolada, ela representa, via de regra, o resultado de uma abstração mental espontânea de uma experiência qualquer.

Mas quando falamos da percepção, não podemos deixar de lembrar que essa exibe uma estrutura organizada, própria. Ela unifica as partes e lhes dá um significado.

Os "homens de visão" sabem captar e aproveitar o instante exato de destacar uma "figura" – ainda inexistente para a percepção do outro – do "fundo". Os homens que "enxergam longe", como coloquialmente dizemos, são propícios às análises rápidas de uma situação qualquer e observam os elementos e as possibilidades novas que possam ser assimiláveis, repelindo o que se mostre desnecessário ou inadequado. O homem que traça estratégias cuida para nunca alimentar ilusões que tornariam impraticável o desempenho bem-sucedido. Ele não pode ser um visionário, embora valha o aforisma de que nada existe na inteligência que antes não tenha passado pelos sentidos.

Assim, as percepções colhidas em qualquer campo de atuação do indivíduo que é empreendedor (além dos fatores de gênese e o enriquecimento da inteligência) desempenham sempre o papel de adaptação às circunstâncias previsíveis do vir a ser preciso, do vir a corresponder a uma demanda imediata e, de preferência, duradoura.

Um bom estrategista reúne harmonia no meio ambiente, ajustando-a à função do real e da meta a ser atingida. A matéria-prima da vida intelectual encontra-se no homem cuja percepção seja sensível, cabendo aperfeiçoá-la mediante os sentidos, conferindo-lhe cada vez mais acuidade, clareza e exatidão.

Aquele que souber manter-se atento aos desvios ilusórios que prejudiquem e levem às tendências desleais quase sempre logrará bons resultados. Utilizando-se melhor de seu potencial cognitivo, dentro do real, ele descobre e recria o belo, o útil, o rentável, colocando-se muito à frente de seu tempo.

O talentoso reúne no curso de sua vida as qualidades do homem teórico, do homem estético, do homem econômico, do homem social, do homem político, porque seus valores são intelectuais e utilitários, dentro das regras da moral e da política vigentes.

Na visão futurista predomina, inevitavelmente, a investigação permanente do verdadeiro objetivo a alcançar, do motivo pelo qual todo comportamento do homem empreendedor é regido pela lei da objetividade. A paixão que o anima e incita é a de conhecer e corresponder às expectativas gerais, sofrendo de um grande desconforto quando os problemas não são resolvidos.

Esses homens bem-sucedidos, de visão estratégica longa, surpreendem-nos, de repente, com uma idéia, com um projeto, que todos teríamos a capacidade de ter ou de realizar, depois de reconhecermos que eles fizeram a diferença porque perceberam antes de qualquer um de nós.

46

"Visão sem ação é devaneio"

"Visão sem ação é devaneio"
(Provérbio Japonês)

Difunde-se à boca pequena a crença de que o meio eficaz para se avaliar a escala social é ter muito dinheiro e influência entre os favorecidos.

Essas pessoas supõem que o simples ingresso nas camadas privilegiadas da sociedade será por si só capaz de fazê-lo superar suas limitações, logrando, então, vultuosos negócios para se destacarem na posição social. Que engano! Essas pessoas confundem causa, conseqüência, meio e fins.

No entanto, quando se tem por objetivo fazer crescer o ideal buscando conquistá-lo por meio de conhecimento, informação e ação deliberadas na direção desejada, com certeza, colocarão em execução um sonho, um projeto.

A realidade brasileira, por exemplo, é a de um país em desenvolvimento, com pesada carga social a cumprir.

Seria impensável tentar desvincular os fatores políticos, sociais e econômicos do projeto idealizado, sob o risco de ele permanecer no papel ou fracassar.

Se no projeto a ser empreendido não forem observadas, ainda que empiricamente, certas constatações de base que atendam a esses aspectos vitais, essa falta de visão inviabilizará por inadaptações à situação local qualquer belo projeto.

O mínimo para que o sonho não venha a se tornar pesadelo é que atinjamos o público-alvo. Há que se cuidar dos objetivos de sistemática das estratégias, da seleção de profissionais, da formulação clara das metas a serem atingidas. Não se poderá relegar a segundo plano outros valores igualmente importantes, como a vivência, a motivação para recriar, a vocação, a linguagem, o controle emocional, o desembaraço, as habilidades específicas, além da capacidade de se relacionar bem com seus colaboradores.

Ter visão no mundo globalizado não quer dizer ser um visionário: ter visão nesse campo é seguir seus impulsos modelando-os aos objetivos viáveis, cuja concretização já pareça nítida pela capacidade de antecipar os resultados favoráveis ou não.

O empreendedor de visão sintetizadora não se baseia apenas na criação, mas também na transmissão e no processamento de suas idéias depois de tê-las exaustivamente analisado antes de as comunicar a outrem.

Esse homem não descansa e é sempre rigoroso consigo mesmo, utilizando sua capacidade perceptiva de raciocínio lógico, de intuição, e não sua força muscular ou a repetição alienada.

Assim, a meta do futuro não será a de repetir realizações já consagradas ou assimilar determinados elementos estereotipados. A meta do futuro exige criatividade e engajamento, que se aprenda a pensar, a pesquisar, a elaborar, para formar cada qual seu julgamento.

Depois desse processo vivido, um homem de visão estará apto a realizar ações bem-sucedidas dentro de um consenso global.

Para que o produto final de um empreendimento qualquer esteja destinado ao êxito, o homem de visão precisará conhecer a arte de persuadir por meio da comunicação objetiva. Nesse contexto, pode servir-se de mensagens retóricas ou não, contanto que demonstre o conhecimento da teoria e da prática aliados ao objetivo de mobilizar o grupo que irá colaborar com sua inspiração criadora.

A coragem, a ousadia e a intrepidez necessárias à realização de um projeto precisam estar presentes para que seja possível desviar-se com astúcia e objetividade das dificuldades que, em sonho, não aparecem.

Visão é alvo; visão como imagem mental a que se procura dar forma é participação, empenho e esperança.

47

"Antes de iniciar a tarefa de mudar o mundo, dê três voltas na própria casa"

> "Antes de iniciar a tarefa de mudar o mundo, dê três voltas na própria casa"
>
> (Provérbio chinês)

Bill Gates, em discurso de formatura, dá alguns conselhos para os formandos; um deles mostra o objetivo do provérbio, o homem mais rico do mundo ensina que o sucesso vem de dentro para fora. Se há desordem na base, o crescimento desordenado passa temporalmente.

O profissional do século XXI deve ter a capacidade de identificar oportunidades de negócios que vão ao encontro de um comportamento proativo. O profissional, porém, não deve deixar de se questionar sobre a veracidade de seu propósito para que, então, possa tomar a iniciativa da execução.

Iniciar é preciso, mas tudo só termina quando acaba.

Começar várias frentes simultaneamente pode frustrar as iniciativas. Todo vôo precisa de uma pista para decolar, um plano de vôo e um trem de pouso, pois, se isso não ocorrer, trata-se de um grande devaneio.

Corra riscos calculados!

Pense, planeje e faça!

48

"Pessoas que falham em planejar, estão planejando falhar"

> "Pessoas que falham em planejar,
> estão planejando falhar"
>
> AUTOR DESCONHECIDO

Planejar não custa caro; o que custa muito caro é a falta que o plano faz. O planejador e o pesquisador têm algo em comum: os dois sabem que pesquisa e planejamento não garantem sucesso, mas inibem a vocação do erro.

Os planejadores deverão periodicamente rever seus objetivos e suas metas, pois as rotas mudarão conforme as observações.

Para o planejador, a única certeza estável é a da mudança, então a flexibilidade e o bom senso são fundamentais para se obter êxito.

Planeje tudo, planeje bem feliz!

49

"Fazer é tudo"

"Fazer é tudo"

AUTOR DESCONHECIDO

Vivemos um estupro político-social. Não devemos reclamar do governo, mas cobrar dele de forma impiedosa, assim como são cobrados os impostos.

Revolucione-se! Saia de dentro do armário; não podemos acovardar-nos diante do cinismo de políticas públicas educacionais, habitacionais e de saúde que gerem essa violência a que nos submetemos.

Somos culpados, pois nossa missão absorve melhor os ganhos do hexacampeonato do que os desvios gerados pela falta de ética globalizada.

Já dizia o poeta, "quem sabe faz a hora, não espera acontecer...".

Milhares de pessoas brigam por ingressos, por resultados futebolísticos, por lugares na fila. Se esses continuarem sendo os únicos motivos, repense o que anda fazendo pelos seus filhos.

50

"Destino é o que deixamos nas mãos de Deus depois de termos feito tudo o que nos cabe"

> "Destino é o que deixamos nas mãos de Deus depois de termos feito tudo o que nos cabe"
>
> (RABINO HENRY LOEHL)

O sucesso ou o fracasso é fruto de uma escolha passada.

O que você fez para chegar onde chegou?

Com quem se relacionou? O que aprendeu?

O que achou feio ou bonito, com o que concordou e com o que não concordou, o que pensou e o que fez?

A sorte ou destino não estão só na mão dos "deuses".

Essa energia que cada um pode chamar pelo nome que quiser é capaz de mostrar caminhos, mas as rotas são traçadas por nós.

Cabe lembrar que o destino não pode estar associado ao patrimônio material, pois rico não é quem mais tem, é quem menos precisa e a felicidade do seu destino só poderá ser construída por uma pessoa: você!

Bibliografia Consultada

ALVARÃES, Arberto; BELTRÃO, Valéria. *Como perder o seu cliente em N lições*. Rio de Janeiro: Qualitymark, 2004.

ARGELIM, Paulo. *Por que eu não pensei nisso antes?* Salvador: Casa da Qualidade, 2002.

CANFIELD, Jack; HANSEN, Mark Victor. *Histórias para aquecer o coração*. Rio de Janeiro: Sextante, 2001.

COVEY, Stephen. *O 8º hábito, da eficiência à grandeza*. Rio de Janeiro: Campus, 2005.

DAWSON, Roger. *13 segredos para o sucesso profissional*. São Paulo: Futura, 1998.

DUALIBI, Roberto. *Dualibi das citações*. São Paulo: ARX, 2000.

MARINS, Luiz. *Socorro! Preciso de motivação*. São Paulo: Harbra, 1995.

ZIC ZIGLAR. *O que eu aprendi no caminho para o topo*. Campinas: United Press, 2000.

SITES

http://www.hsn.com.br
http://www.vocesa.com.br
http://www.institutomvc.com.br
http://www.vencer.com.br
http://www.antrophosconsulting.com.br
http://www.veja.com.br
http://www.istoe.com.br
http://www.globo.com
http://www.epoca.com.br
http://www.vendamais.com.br
http://www.kla.com.br
http://www.opinia.com.br
http://www.google.com.br

Palestras, Seminários, Workshops.

Utilize o autor para enriquecer ainda mais o seu evento.

www.mauriciowerner.com.br

mauricio@mauriciowerner.com.br

QUALITYMARK EDITORA

Entre em sintonia com o mundo

Qualitymark Editora Ltda.
Rua Teixeira Júnior, 441 - São Cristóvão
20921-405 - Rio de Janeiro - RJ
Tel.: (21) 3295-9800
Fax: (21) 3295-9824
www.qualitymark.com.br
E-mail: quality@qualitymark.com.br

Dados Técnicos:

• **Formato:**	16×23cm
• **Mancha:**	12×19cm
• **Fontes Títulos:**	BerlinSansFBDemi
• **Fontes Texto:**	Kuenst480BT
• **Corpo:**	11
• **Entrelinha:**	13
• **Total de Páginas:**	192
• **1ª Edição:**	2007
• **2ª Reimpressão:**	2016